論理的に書く方法

説得力ある文章表現が身につく！

小野田博一

PHP文庫

○本表紙図柄＝ロゼッタ・ストーン（大英博物館蔵）
○本表紙デザイン＋紋章＝上田晃郷

まえがき

本書は「論理的な書き方」が何であるかを伝える本です。また、あなたが「論理的な書き方」ができるようになるのを手助けするための本です。つまり、「書き手が随想《ずいそう》を連ねて終わり」という類《たぐ》いの本ではなく、プラクティカルな本であることを目指しています。

具体的には、1章から4章で「論理的な書き方」とは何であるかについて、あなたの見る目を養うことを目指し、5章以降では「あなたが書く」という観点から、ささやかではあっても有益な助言をすることを目指しています。

助言の立地点としては、私の前著『論理的に話す方法』(PHP文庫)と基本的には同じで、アメリカにおける常識的な論じ方を土台としています。

本書はプラクティカルな本を目指しているがために、具体的には、次の達成目標を持っています。

それは、

A　たとえば、五ページの《例》のような文章が「論理的に書く」という観点から見てよくない文章であることを、読者が、本書を読み終えたあとでは、少なくともわかるようになること。

さらに、欲を言えば、

B　どこがよくないかを読者が具体的に指摘できるようになること。

そして可能なら、

C　よりよい文章に書き換える力を読者が獲得すること。

以上の三つです。

これらの目標のうち、あなたの目標としてはAのみをとりあえずの目標としておいてください。というのは、B・Cが達成できるか否かはまったく私の力量次第でしょうから。

さて、そこで次の例文をいまからあなたは読むわけですが、いまの時点では、次の文章を読んでもあなたは「どこがよくないのか？」と思うだけかもしれません。が、そのことはいまは気にする必要はありません。それがわかるようになるための本が本書なのですから。

ただ気楽に本書を読み進んでいただければ、読み進むうちに徐々にいろいろなことが見えてくるはずです。

《例》――これは某雑誌の「Ｗｉｎｄｏｗｓのシステムのいろいろな設定を自分の好みに変える方法の特集」の冒頭の文章です。

Ｗｉｎｄｏｗｓは、多くの部分をユーザーに委《ゆだ》ねているので、カスタマイズが楽だ。お金をかけることなく、けっこう楽しむことができる。逆に言えば、カスタマイズしてこそのＷｉｎｄｏｗｓでもあるわけだ。ならば、いじってみない手はないでしょう。

さて、この例文についてどう思われたでしょうか。二〇七ページで、どうよくないかを書いておきましたので、詳しくはそちらを見てください。

本書は、ある人々には容易に理解でき、ある人々にはほとんど理解できないかもしれません。その理由について、以下、簡単に述べておきます。

まず、これを書いておくべきでしょうが、論理的な文章を書くことは、難しいことではありません。ここで言うのは「技術的には」という意味で、論理的な文章を書くためには若干の基本があり、技術的にはそれを守ればいいだけです。

ただ、日本人が論理的な文章を書こうとする場合、それが難しい場合があります。それは、多くの日本人が無意識のうちに採用している「書き方のスタイル」のある面が、論理的な文章を書くことを阻《はば》むことがあるからです。つまり、日本的な書き方にすっかりなじみ、その書き方をすることを美徳と考えている人には、論理的な文章の書き方を理解しえない面があり、かつ、論理的な文章の書き方を理解しないかぎり、日本的な書き方から離れることはできない面があるからです。このやっかいな面が、ある人々にとって本書を理解できないものにするのです。

なお、ここで言う「日本的な書き方」とは、「日本的な書き方すべて」を指すのではなく、実は、日本人が広く使っている書き方のパターンの中に含まれる「論理的な文章の書き方ではない書き方」をとくに意味しています。したがって、よく考えてみると、この文「つまり、日本的な書き方にすっかりなじみ……面があるからです」は、「非論理的な文章を当然のように書いている人は『あなたが書いている文章は非論理的な文章だ』と言われても受けつけることがない」と言っているのと同じようなものなのです。
ともかく、このような面があることをあらかじめ知っておいてください。そうすれば、本書を理解できない人の数はかなり減ることと思います。

もしも本書の内容にわかりにくいところがあるとしたら、それは、「論理的に書く」ということが、「全貌《ぜんぼう》がわからなければ細部がわからず、細部がわからなければ全貌がわからない」という性質を持っているからでしょう。ですから、途中で「全貌が見えない」ことにじれったい思いを持ったり、霧《きり》の中にいる気分になったとしても、どうか気にしないで読み進んでください。

「論理的に書く」とは、基本ルールの集合なのです。最後のページにたどり着いたときに後ろを振り返れば、きっと広々とした平野があなたには見えるはずです。

小野田博一

なお、「徹底的に」論理的に書こうとすると、日本語の自然さと論理性のどちらか一方しか選べない場合があります。その場合は、あなたが初心者であるうちは論理性を優先して、とにかく「論理的に書く」姿勢を身につけましょう（さもないと、あなたはもしかしたら、論理的に書く習慣をいつまでも身につけられないかもしれません）。そして、「論理的に書こう」と考えなくとも論理的に書けるようになったら、日本語の自然さを優先してもよいでしょう。

論理的に書く方法【目次】

2章 主張の大原則

3章

根拠を詳しく書く

4章 論理的に構成する

5章

論理的に書くための基礎トレーニング

6章 自分の文章を書く

本文イラスト――角 愼作

1章　論理的に書くための基本

論理的に書くのは簡単

まず最初は、あなたの意気をかきたてることからはじめましょう。というのは、あなたは、「文章を論理的に書きたい」という強い願望を持って、本書を手に取ったことでしょうから。また、もしかしたらあなたは、「私は論理的に書けない」と、軽い、あるいは重い絶望感を持っているかもしれません。が、もしもそうであるのなら、まず、その気分を拭《ぬぐ》い去る必要もあるからです。

論理的に書くのは簡単です。

そう言えることは――そう言うことが正しいことは――あなたが本書を読み終えたときに実感できるでしょう。論理的に書くためにあなたが知るべきことはごくわずかです。論理的に書くための大基本だけ知って、知っているとおりに書きさえすれば、それだけで、あなたの書く文章は論理的になるのです。

あなたにいまもっとも大切なことは、〝論理的に書くことは簡単である〟と信じることです。私は論理的に書くことができる、と強く信じてください。そう信じさえすれば、その気持ちが自然にあなたをゴールに導きます。論理的に書けるようになるためには、あと一歩踏み出すだけになるでしょう。

論理的に書く必要があるときと、その利点

論理的に書く必要があるのは、簡単に言えば、何かを論ずるときです。「何かを論ずるときに、論理的に書く必要がある」を、より正確に言えば、「何かを論ずるときには、論理的に書くのがベスト」です。というのは、論理的に書かれた論ずる文は、さまざまな利点を持つからです。

利点は、具体的には本書のさまざまな例文をとおして見てゆくことになりますが、簡単に言えばそれは、**読みやすさと理解しやすさと説得力**です。

なぜそのような利点を持つかというと、それが論理的に書くことの目標であり、結果であるからです――と、このように書くと、あなたはごまかされた気分になるかもしれませんが、それがほんとうか否かを、本書を読みとおしてからあなた自身

で判断してみてください。あなたは絶対に同意するはずです。

なお、話を先に進める前に、次の点はとくに書いておくべきでしょう。

論理的に書かれていない文章が同意を得るのは、もともと同じ意見を持つ者からだけで、意見の異なる人を説得できるのは、論理的な文章だけです。

論理的な文章がこの力を持つのは、主に、「詳しい具体的な根拠」の量の力によります。

また、論理自身にも大きな力があります。論理の力は、論理の悪用（?）である詭弁《きべん》を例に挙げるとよくわかるでしょう。詭弁を議論で打ち負かすのはかなり難しいことに、あなたは反対しないでしょう。詭弁は論理を土台にしています。だから打ち負かしにくいのです。

人間は理性で動く動物です（ここで言う理性の中には、感情の土台となっている理屈も含みます）。だから、理性に直接働きかける「論理的な文章」が力を持つことになるのです。

考えて——プラトンの詭弁

プラトンは、プロタゴラスの主張「何を真理として見るかは人それぞれであって、絶対的な真理はない」に対して、反論として次の意味の発言を著書で述べています（ソクラテスの発言としてですが）。
「プロタゴラスの主張は、その主張そのものを誤りと考える人たちの意見を真であると承認することになる。つまり、『絶対的な真理はない』という主張そのものが『絶対的な真理はない』ということを否定することになる。したがって、絶対的な真理はある」

あなたはプラトンのこの主張に反論できますか？
（解説は次ページ）

▼「論ずる」のはどんなとき？

——「論ずる」は、日本の言葉としてはいくぶん堅い印象がある語ですが、その印象にどうか目をくらまされないでください。堅い話をしようという気は私にはまったくありませんし、読み進んでいただければ、「論ずる」ことを堅苦しく感じる必要がないことは、わかっていただけることでしょうから。

私たちが「論ずる」のは、自分の考えを伝達したいときです。そして、考えを伝達したい場合には、私たちはつねに「論じ」なければなりません。

それで、私たちは多くの状況で論じます。日常生活で何かについての気ままな

前ページ「プラトンの詭弁」の解説

これにはいろいろな面から反論が可能ですが、どう工夫しても、誰にもわかるようには書けないだろうと思います。正確に書くなら、「自己言及の命題」について書くことになりますが、それではほとんどの人には、かえってわからなくなってしまいます。

いろいろ説明するよりも、プラトンの主張を次のように書き換えると、もっともわかりやすいだろうと私は思います。プラトンは次と同じことを言っているのです。

「判断基準が人それぞれなら、『判断基準は人それぞれ』を否定する人の判断も正しいことになる。したがって、判断基準は１つなのだ」

いかがでしょう？　わかりますか？　少なくとも、わかった気になりますか？　それとも、「この解説こそ詭弁である」とあなたは思いますか？

意見を述べるときですら、「論じ」ています。書くということに限定しても、やはりいろいろ論じています。

大学入試の小論文、入社試験の課題作文、新聞・雑誌への意見の投書、それから誰もが書くというわけではありませんが、社説やコラムや評論……。

何かを報告する場合も、報告の内容にもよりますが、多くの場合は何かを論ずることになります。企画書も「企画の魅力を十分に伝える」ためには、企画の魅力を論ずるものでなければなりません。小・中学生の作文も、テーマによっては何かを「論ずる」文章でなければなりません。

日常会話やラフな文章においてすら、「〜しよう」などと誘う場合は、「論ずる」形式をとらなければなりません。誘う場合には説得力が最大の関心事なので、「論ずる」形式をとろうという気持ちが無意識のうちに働くはずですし、その形式をとることは正しいことで、また、望ましいことでもあります（「まえがき」の途中に載《の》せている《例》の文章が「誘う文」だったことを思い出してください。誘う文は論理的でなければなりません）。

▼論理的な表現とは何？

論理的な表現とは、**「根拠と結論が論理的に正しくつながっている表現」**です。

したがって、論理的に正しい表現をするためには、表現（文章や発言）の中に、根拠と結論がなければなりません。どちらかが欠けていたら、論理的に正しくはなりえません。

もちろん、根拠と結論がただあるだけでは、それだけで論理的に正しくなるわけではありません。それらが「論理的に正しくつながっていて、はじめて論理的と言えるのです」――が、これはまた別の話で、いわば上級編の内容です。

本書の4章まであなたは、「根拠と結論を述べること」をきちんとマスターし、5章以降で、それに続く部分を学ぶことになります。

論理的に書くための大基本

「論理的に書く」とは、ある種のルールに従って書くことで、そのルールをもしも細かく書いたら、それは膨大《ぼうだい》な量になるでしょう。でも、実際のところ、それらをすべてあらかじめ知っておく必要はなく、基本的なことを知ってさえいれば、細かい部分は自然にわかるでしょう（少なくとも私はそう信じています）。

さて、その「基本」ですが、日本ではそれがほとんど無視されて文章が書かれています。そして、その文章を書くスタイルは、幼いときから長い時間をかけて身についているものです。したがって、多くの日本人の場合、その基本を知るだけでは、論理的に書くことが実践できない状況にあります。

このようなことを書くと、本書の有用性を誇張して宣伝しているかのように聞こえるかもしれませんが、もちろん私は誇張しているわけではありません。日本の文章の実状に関しては、おいおい触れてゆきますので、それらを読んでいただければ、私のこの主張が具体的にはどのようなことを意味しているのかが、わかっていただけることでしょう。

が、いまのところはそれは後まわしにして、はじめに「論理的に書くための大基本」の概要を書きます。続いて、その各柱を細かく説明しながら、合間に日本の実状を書いてゆきましょう。

▼論理的に書くための要点概要

● **何が言いたいのか、わかるように書く。**

「要するに何を言いたいのか」がはっきりわかるように書く。

● **主張と根拠は絶対に書く。**

文章中に絶対に必要なものが二つあります。その一つは文章を書く目的である「結論としての主張」で、もう一つは、その主張を支える根拠です。

● **主張する上でもっとも大切なことは「主張すること」。**

このようなことを書くと、奇をてらった文章に見えるかもしれませんが、そうではありません。日本ではこのことを強調しなければならない事情があるのです。というのは、日本では、きちんと主張がなされていない文章が非常に多いからです。

● **根拠をはっきり書く。**

根拠を書く上で大切なことは、それを書くときに「読み手に、それが根拠であることがはっきりわかるように書く」ということです。また、根拠は、主張を直接支えるものでなければなりません。

● **余分なことを書かない。**

コラム――日本人の文章

日本人の書く文章のほとんどは論理的に見えません。よく読んでみると「内容は論理的なもの」は少なからずあります――というよりも、より正確に言えば、「外見の形式を変えて書き換えれば論理的な文章になるもの」は少なからずあります。ですから、単に、「日本人は論理的に見える外見を文章に与えていない」だけのことなのです。

日本人の書く文章が論理的に見えない理由は、文章が「論理的な文章」の形式をとっていないからです。つまり、日本人がたいていは結論をはっきり述べないからで、かつ、根拠をきちんと示さないからです。

以上の文を読んだとき、たいていの日本人は「私は結論をはっきり述べているし、根拠もきちんと書いている」と思うことでしょう。それは当然です。多くの人がそう思い込んでいるからこそ、現状があるのですから。

日本人は概して結論をはっきり述べません。そして、ほとんどの場合は、はっきり述べているとも思い込んでいます。

また、日本人は根拠を述べません。まれに述べた場合も、結論を直接支える根拠ではなく、遠くから支えようとしている根拠（したがって実際はほとんど支えない根拠）です。

日本人がこの現状を理解することは「論理的な文章を書く」ために非常に重要です。なぜなら、現状に関する日本人の認識が改まらないかぎり、現状が変わることはないでしょうから。本書の前半の多くのページは、この現状を読者に示すことに費やされていますが、その理由はここにあります。

主張とは何か、根拠とは何か、それらを知ってはじめて日本人の文章は論理的な形式をとりうるでしょう。

構成の点からもっとも大切なことは、「余分なことを書かない」ということです。論理的な文章は、結論である主張を書くためのものであり、それを論理的たらしめるために根拠を書くのです。

そして、それがすべてなのです。余分なことを書いたら、文章の論理性は著《いちじる》しく弱まります。

論理的に書くための大きな柱は「たったこれだけ」です。これを守って実践することは、何も難しいことではありません。あなたがいままで慣れ親しんできた、日本的な文章を捨て去ることができれば、簡単なことなのです。

さて、以下、これらについて一つずつ、細かく見てゆきます。

▼論理的に書くための基本姿勢

「要するに何を言いたいのか」がはっきりわかるように書く――これを、あなたは基本姿勢としてつねに持ち続けなければなりません。

「要するに何を言いたいのか」がわからない文章の中には、論理的な文章はありません。

「要するに何を言いたいのか」がはっきりわかるように書くことは、論理的に書くために絶対に必要な条件なのです。

★出だしの文章は大切だが……

「要するに何を言いたいのか」がはっきりわかる文章を書くためには、書き手自身が「要するに何を言いたいのか」がはっきりわかっていなければなりません。

何に関して書こうかはわかっているものの、何を書こうとしているのかがはっきりわからない状態でとりあえず書きはじめ、書いている途中で自分の考え方を字面《じづら》で発見することはよくあるので、「とにかく書く」という作業を下書き以前の準備として行なうことは非常に有意義なことです。が、「とりあえず書きはじめ、書いている途中で自分の考えを発見して、それをしめくくりの文として書いて終わり」――という文章となると話は別です。

この「とりあえず書きはじめ～」の文章は決して論理的な文章にはなりえません。それは、数学の証明が、何を証明しようとしているのかわからない状態でとりあえず書きはじめたのでは、きちんとした証明になりえないのと同じです。

この「とりあえず書きはじめ～」の文章は、論理的な文章という観点から見ると悪文です。数学の証明にたとえるのなら、「とても読んでいられない、証明にすらなっていない証明」といったところでしょう。

あなたが**論理的な文章を書きたいなら、とりあえず書きはじめるという態度をとってはなりません。**自分が何を考えているかを知るための準備としては大いに使うべきですが、最終稿にその方法を使ってはなりません。

日本では、この「とりあえず書きはじめ～」の文章に接することが非常に多くあります。学校の国語の教科書にも、大学入試の問題文にも、その類《たぐ》いの文章は数多く採用されています。この状況下にいると、自然に同じような文章を書くようになってしまうものなので、その類いの文章を書かないよう、十分な注意が必要です。

書きはじめの話をしたところで、同じく書きはじめについて、似て非なるものの話を補足的にここでしておきます。

「出だしの文章がうまく書きはじめられたなら、文章はほとんど書き終えたようなもの」というような文章を、日本の「文章の書き方の本」で時おり目にしますが、論理的な文章を書くつもりなら、もちろんその考え方も捨てるべきです。なぜなら、**論理的な文章は、気分で書くものではなく、正確に組み立ててつくるものだか**

らです。

何を述べようとしているかを自分ではっきり決めて、その根拠として説得力のあるものを見つけたとき――そのときこそ、文章はほとんど書き終えたようなものなのです。

▼自信を示して主張する

本書における「主張」の意味合いをここで明確にしておきましょう。

日本人がふつうに考える主張とは、「自分の意見の押しつけ」くらいの意味ですが、本書の主張はその意味ではありません。本書では「結論」あるいは「結論の明言」とほぼ同じ意味で、「相手（読み手など）の論理に働きかける結論」くらいの意味です。

日常生活においては「主張」は「強弁」とほぼ同じ意味で使われることがありますが、本書においては、その意味合いはいっさい含みません。したがって、

- **「主張する」とは、力んで意見を言うことではありません。**
- **「主張する」とは、「個人的な意見を事実として言うこと」でもありません。**
- **「主張するのは謙虚でない」と考えるのは間違いです。**

この主張は間違っています。でも間違った主張をすることは不道徳なことではありません。

少なくとも、論理の土台の上に立った主張は、数学の命題の証明と同様、道徳とは何も関係はありません。

●「主張」は、基本的には数学の証明と同じです。

数学の証明においては、「ゆえに題意は証明された」とよく書かれます。が、証明はつねに正しいわけではありません。証明に誤りがあったとしても、「ゆえに題意は証明された」と書くことは不道徳なことではありません。単に証明に誤りがあっただけのことです。

このことは主張でも同じです。主張が誤っていても、それは主張が誤っていただけのことです。

数学の証明の場合、証明をきちんと示していないなら、「ゆえに題意は証明された」と書いたところで正しい証明になるわけではありません。主張でも、これはやはり同じようなもので、主張の根拠をきちんと示さずに主張だけをしても、それでは論理的に正しい主張とはなりえません。

●主張はつねにクールであるべきです。

数学の証明は、大騒ぎして書くものではありません。主張も同じで、クールに単に主張するのです。

問題
a、b、cが整数で$a^2+b^2=c^2$を満たしている。
このとき、cが7の倍数なら、aもbも7の倍数であることを証明せよ。
答え
cが7の倍数なら、$a^2+b^2=c^2$を満たす整数
a、bはどちらも7の倍数でなければならない。
ゆえに題意は証明された。

これでは証明になっていません。

●「単に書く」とは言っても、率直に自信を示さなければなりません。

これは「強弁せよ」の意味ではありません。「自分の意見を正直に率直に書くべき」の意味です。わざわざ弱々しい表現をする必要はないのです。つまり、「題意は証明された」と思っているときに「ゆえに題意は証明されたのではないかと思う」とか、「ゆえに題意は証明されたのではないだろうか」と書くのは、論証のあり方として正しくない態度であるのと同様で、たとえば「〜する必要がある」と述べたいときに、わざわざ自分の気持ちを偽《いつわ》って、「〜する必要があると言えるかもしれない」と書く必要はありません。

【補足】

右の文章の最後の部分が、次のようであったならあなたはどう思いますか？

……わざわざ自分の気持ちを偽って、「〜する必要があると言えるかもしれない」と書く必要はないかもしれません。

これでは、読み手は「この人は何を言いたいんだ？」と思うだけですね。こういった言い回しの文章は、書き手の意見を率直に表わしていない文章で、ただこれだけの言い回しのために、あなたの文章は論理的ではなくなってしまいます。日本人は婉曲的《えんきょくてき》な表現をする習慣があるので、この点には十分な注意が必要です。

もちろん、婉曲的な表現を使うことは悪いことではありません。でも、主張する際の「婉曲的な表現の使用」には注意が必要です。なぜなら、婉曲的な表現は、意見の率直な表明でないことが往々にしてありますし、他者への働きかけを失うことが多いからです。

日本人は、ほとんど条件反射のように婉曲的な表現を使います。この状況下では、「婉曲的な表現を使ってはならない」と書くくらいのほうが、私が何を言いたいのかが、よく伝わるかもしれません。

もちろん、「婉曲的な表現を使ってはならない」などと言うつもりはありませんが、少なくとも、**主張の明言を避けるための婉曲表現の使用はするべきではありません**。婉曲的な表現を使うのは、正しい主張ができるようになったあとにするべきです。

▼結論はしめくくりに書く？

いいえ、しめくくりではありません。

日本人の書く文章では、結論は多くの場合、「一つのテーマのもとにいろいろ雑多なことを連想でつなげて述べたあと、最後に文章全体に統一感を持たせるためのしめくくり」です。この「結論」は、論ずる文における結論とは意味が異なります。

論ずる文においては、結論を書くことが文章を書く目的です。文章を書く出発点です。結論がはじめに決まって、そのあと構成が決まります。

「文章をいろいろ書いていって、最後に結論をどう書くかを決める」といった態度では、論理的な文章は決して書くことはできません。

「結論はしめくくり」という考えをあなたが持っているのなら、その考えを捨て去るまでは、あなたは論理的な文章を書くことはできないでしょう。

〔本書の用語の使い方〕

本書で言う「主張」「結論」「根拠」「理由」「前提」の意味を以下、簡単に説明します。

英語圏の人に対してあなたが要領を得ない話を長々としたとします。あなたが話し終えたとき、相手はきっとこう言うでしょう。

"What's the point?"

これは「要するに何を言いたいの?」の意味で、この場合のthe pointはthe thesisと同じ意味です。そして、the thesis statementとは、文章全体で何を述べようとしているかを一つの文で表現したものを指します。本書で言う「主張」および「結論」は、このthe pointやthe thesisとだいたいのところは同じ意味です。

本書では、主張と結論の語を厳密に使い分けてはいません。それを使う場所ごとに、より自然なほうを使っています(その結果、多くの場合は「主張」になっています)。

「根拠」と「理由」は同じ意味で使っています。ともに「主張を支えるもの」の意味です。

　あまり登場はしませんが、本書で言う「前提」はassumptionの意味で、「当然のことと見なしている考え」を指します。たとえば、「ウサギは哺乳類《ほにゅうるい》である。ゆえにウサギは生き物である」では、「哺乳類は生き物である」という前提が隠れています。ちなみにこれを論ずる文と見た場合、「ウサギは生き物である」が主張（または結論）にあたり、「ウサギは哺乳類である」が根拠（または理由）にあたります（なお、論理学では、「ウサギは哺乳類である」の部分を前提と呼びますが、この「前提」は英語ではpremiseと言います）。

2章　主張の大原則

主張の大原則Ⅰ——主張をはっきり書く

主張するときにもっとも大切なことは「主張すること」です。主張するためには、あなたは自分の主張を明言しなければなりません。「主張することを回避して主張した気になっているだけでは、主張はなされていない」ということをはっきり知っておくべきです。

▼はっきり書く

「主張をどう書くか」でもっとも大切なことは「主張をはっきり書くこと」です。

主張をはっきり書く理由は、もちろん、自分の述べたいことを他人（である読み手）に正確に伝えるためです。

「何を言いたいのかわからない文章」は、読むに値しない内容が書かれているものと判断されます（少なくともアメリカでは）。したがって、読むに値するものが書かれていることを示すために、主張ははっきり書く必要があります。

また、「主張が何かわからない文章」は、読んでいて非常に疲れるものなので、読み手に余分なエネルギーを使わせないためにも、主張ははっきりしていなければなりません。

「主張をはっきり書くためにはどうしたらいいか」については、いろいろな面からの助言が可能です。その根本部分である表現・内容・形式の面からできる助言の全《ぜん》貌《ぼう》は以下のとおりです。

●表現の面

A 主張を明言しましょう。

B 表現上のあいまいさを取り除きましょう。

C 真意のままに表現しましょう（これにはBのための心構えの面もあります）。

このためには、自信のあることを率直に書くことが大切です。

①自信のないことを自信があるように書いてはなりません。

②自信があることを自信なさげに書くのもだめです。

――①は強弁家のすることで、道徳的に正しくありませんし、聡明な読者には、書き手が自信があると見えるように「正直でない態度をとっている」ことはわかるものですから。

D　――②は日本人がよくとる態度です。これは自分の意見に対して反論を受けたくない気持ちからとる態度です。反論を聞く耳を持たないことの表明であって、フェアな態度ではありません。何かを論ずる場合は、「さあ、反論をいくらでも聞きますよ」というオープンな気持ちを持っていなければなりません。

（以上のための気持ちの持ち方として）「意味を正しく伝えよう」という意志を持ちましょう。

●内容の面

E　主張は「見せる」ものでなければなりません。

主張は、相手が納得するのに十分な『もの』を、主張そのものと同時に見せるものでなければなりません。つまり、単に「主張を見せよ」の内容では主張にならないことを、あなたははっきり知っておかねばなりません。

F　読み手に働きかけるものでなければなりません。

――つまり、独り言を書いているだけではだめです。

●形式の面

G　何が主張であるかが、文脈からではなく、形式の上からわかるように書かねばなりません。

「Aである。Bである」――これでは読み手はどちらが結論か考え込んでしまうでしょう。このように、文脈を理解しないかぎり理解できない文章は、論理的な文章という観点からは悪い文章で、そのような文章を書くことは可能なかぎり避けるべきなのです。

なお、「論点から外れたことを述べない」ということは、基本的には構成のあり方に係わる問題ですが、それはGの点からも重要となります。

▼主張は一方の側からする

主張を明言する上で、日本人にとってまず最初の障害となりうるのは「主張は一方の側から述べなければならない」点です。日本人は、どちらの側からも述べない態度をとることがよくあります。

主張は一方の側から述べなければなりません。「〜すべきであるとも言えるし、すべきでないとも言える」では主張として失格です。

どんな事柄であろうと、二つの側からそれぞれの側の正しさを述べることは可能です。一方を選ぶことにあなたが抵抗を感じるのなら、単に一方を選んで述べているにすぎないという気楽な気持ちでいるとよいでしょう（いいかげんに論ぜよ、と言っているのではありません）。

たまたまその一方を選んだだけであって、逆の側を選んでも論ずることができる自信を持っていましょう。

「一方の側からしか論じられないので、その側から書かざるをえない人は、論理的な資質の乏《とぼ》しい人である」ということは知っておくべきです。「一方の側を主義として採り、その主義に固執《こしつ》せよ」という意味ではありません。

つまり、こういうことです――。

「～に対する賛成意見を述べよ」に対してはきちんと賛成意見が書けて、「～に対する反対意見を述べよ」に対してはきちんと反対意見が書けるようになれ――という意味です。「～に対する意見を述べよ」に対しては、賛成の側からも反対の側からも書けなければなりません。実際に書くときにその両方の側から書くのではなく、ただ一方の側から書くだけのことです。

多くの日本人はどっちつかずの性格です（これはアンケート用紙の様式にはっきり

表われています――答えの選択肢が「はい」と「いいえ」だけでなく、「どちらでもない」をつねに加えるのが日本式アンケートの特徴です)。

この性格が、一方の側から論ずることを難しくしています。

論理的に書きたいのであるなら、あなたは「どちらでもない」という言葉をあなたの頭の中から消し去るくらいの心構えを持っているとよいでしょう。

主張した気になっているだけではだめ

主張するためには、実際に主張しなければなりません。これに関して日本人が犯す間違いのタイプは次の二つです。

A　主張していないのに、主張した気になっている。

B　「主張は文脈から明らか」などの理由で主張を省略する。

AもBも、基本的には「主張とは何か」を単に知らないことからくる間違いです。が、「単に」とはいえ、知らないうちは繰り返し間違えることになります。

Bの場合はまた、「故意の省略」の場合もあります。

故意に主張を省略するのは、中傷しようという意図が働いている場合や、相手を暗示にかけようとしている場合などで、楽しい場合はあまりなさそうです。

▼主張を書くべき部分を疑問文にしてはいけない

主張を書くべき部分を疑問文にしてはいけません。疑問文は主張ではないからです。

「主張とは何か」を知らない場合のもっともよくある例がこれ――「主張を書くべきところを疑問文にする」です。

疑問文は主張逃れの独り言であって、主張ではありません。

日本人が大好きな表現「〜ではないだろうか」が、主張逃れの疑問文の代表格です。これは読み手に判断をまかせる表現なので、主張ではありません。

読み手は、読み手自身で判断するのですから、ことさら「判断してほしい」という部分を加える必要はなく、書き手が「判断してほしい」と述べることで主張を逃れるのでは、主張していることにはなりません。

主張は主張として書かなければならず、「判断してほしい」と、もしも書きたいのであれば、主張を明言した文とは別の文でそれを書かねばなりません。

つまり、たとえば、「～は女性差別ではないだろうか」と書くのではなく、「～は女性差別である」と書くのです（これはもちろん、あなたが「～は女性差別だ」と思っている場合。「～は女性差別のように思えるが確信はない」と思っているのなら「～は女性差別だ」と書くのは正しくありません）。

▼暗示にかけようとしている文を主張のつもりで書いてはいけない

書き手が読み手を暗示にかけようとする文も主張にはなりえません。ですから、これを主張の代用としてはなりません。

非常によく使われる表現の中に、この代表例があります。それは、**「こんなことでよいのだろうか」**です。

この表現では、書き手は何も主張したことにはなりません――もちろん「書き手が主張しているつもりになっていたとしても」、また「書き手が自分の、明言していない主張に強い自信を持っていたとしても」です。

「こんなことでよいのだろうか」ではなく、「こんなことではよくない」と書かな

ければ主張にはなりません。

「こんなことでよいのだろうか」は、「こんなことではよくない」と主張する文ではなく、「こんなことではよくない」と読み手を暗示にかけようとしている文です。

暗示にかけようとしている文を使うことはフェアな書き方ではないので、それは避けなければなりません。

「こんなことでよいのだろうか」は、「こんなことでよいのだろうか」をいろいろな文章の中で頻繁《ひんぱん》に目にすることからくる、いわば習慣的な表現です。これを使う人は、これが読み手を暗示にかけようとしている文であることを、おそらく意識せずにそのまま使っているのです。

したがって、そう書いたからといって、フェアでない書き方をしているという意識も書き手にはないことでしょう。が、意識していないからといって、その書き方がフェアになるわけではありません。

【付記】……暗示にかけようとしている文章

「主張」とは少し話がそれますが、暗示にかけようとしている文を使った、フェアでない書き方の最たる例をここに書いておきましょう。

考えて——暗示の手法

次の3つの論があなたの目の前にあったとしましょう。

a『なぜ私はこれほど聡明なのか』
b『＊＊政策のどこが悪かったのか』
c『あなたはなぜ勉強の仕方が下手なのか』

これらにどんなことが書いてあるか、あなたは想像できますね。

さて、これらは、その論を書くこと自体が目的の場合はもちろんありますが、そうでない場合もあります。では、そうでない場合とは、どんな場合でしょう？（答えは次ページ）

暗示にかけようとしている文を使った、フェアでない書き方の代表的なものは、形式面での操作と表現面での操作の次の二つがあります。

●論じたい点として主張を述べず、主張を前提とした別の論を書く――これが第一の方法です。

このタイプの文章は、批判精神の乏しい読み手には強い影響力があるので、読み手には危険な書き方です。

たとえば、「女性が依存症を克服するにはどうしたらよいか」という論があったとしましょう。これには「女性には依存症がある」という前提が隠れています。批判精神の乏しい読み手がこれを読むと、「女性には依存症がある」という

前ページ「暗示の手法」の解説

a 「私は聡明だ」と述べることなく、私が聡明であると読み手に思わせようとして書く場合。この場合、「それは、私が毎日ワサビを食べているからだ」などと書かれ、聡明であると言える根拠は書かれません。

b 「＊＊政策は悪かった」と述べることなく、「＊＊政策は悪かった」と読み手に思わせようとして書く場合（これは民衆の意識操作のための典型的トリックの手法）――なお、ここで私がいまわざわざと「トリック」と書いたのも「暗示の手法」です。

c 「あなたは勉強の仕方が下手だ」という不安を読者に植えつけるために書く場合（勉強法を説く本を書く場合に時おり使われる方法です）。

ちなみに、受験生向けのゴミ郵便（junk mailをおどけて訳しただけです）によく「スタートの遅れを取り戻そう！」などのフレーズが書かれていますが、それもやはり、（通信講座などの勧誘のために）不安感を植えつける手法です。

なお、「植えつける」もやはりネガティヴな印象を読み手に与えるためによく使われます。

考えを無意識のうちに持つことになります。論理で納得して自分の考えとするのではなく、無意識のうちに無批判に自分の考えとしてしまうことになるので、これは読み手にとって非常に危険な方法です。

● **形容する部分に論じたいものをまぎれこませる**――これが第二の方法です。

たとえば、「押しつけられた性役割」というように書くのがこの例です。これは読み手に「押しつけは悪い、ゆえに性役割は悪い」と考えさせようとしている表現です。

読み手を自分と同じ意見にしたいと強く望む者は、無意識のうちにこの手法をとる傾向があり、ことに大衆の意見を操作しようとする者がよく使います。

主張の大原則Ⅱ――主張は読み手に働きかけるものでなければならない

次の主張の大原則は、「主張は読み手に働きかけるものでなければならない」です。これはもちろん「主張は読み手に何かを強制するものでなければならない」の意味ではありません。これは、「相手に語りかけるものでなければならない *1」

「相手がそれを読んだあと、考えはじめられるよう（主張に）方向があるものでなければならない＊2」などの意味です。

［＊1「いまから私はショッピングに行くんだけどなー」では、ここで言う働きかけはありません。「いっしょにショッピングに行きましょ」というのがここで言う働きかけです］

［＊2「これでよいのだろうか」では方向が示されていません（暗示されているだけで、明言されてはいません）。方向を示すためには「これではよくない」と明言しなければなりません］

したがって、たとえば、**独り言は主張ではありません**。そういう意味から、独り言ともいえる「私は～と思う」は、主張として十分役割を果たす文ではありません。極端なことを言えば、「～と思う」に対して読み手は「そう思うのか」と考えて終わりで、書き手がそう思うか思わないかについて読み手は考えはじめたりはしません。

「これでよいのだろうか」も、やはり独り言です。

▼日本人は「独り言文」を書かないように注意が必要！

日本人は主張のつもりで「相手に働きかけない文」（これを「独り言文」と呼びましょう）を書くのを好む傾向が強いので、独り言文を書かないよう、つねに注意していたほうがよいでしょう。


独り言文の例を一つ挙げましょう。

日本人はよく次のタイプの文章を書きます。

「政府は～と言う。しかし、＊＊の緊急性があるとは思えない。政府はなぜ急いだのか」

これは文字どおりには、次のような意味です。

「政府は～と言っている。でも＊＊の緊急性があるとは〝私〟には思えない。政府がなぜ急いだのか〝私〟にはわからない」

ただし、書いた人はおそらく次のつもりでしょう。

「政府は～と言っている。しかし、＊＊の緊急性はなかった。政府は急ぐ必要はなかった」

もしもこう書きたいのなら、もちろんこう書くべきです。こう書かないのは、たぶん、これでは「なぜ緊急性がなかったか」の理由がないことを無意識のうちに感じとって、そういう欠陥が歴然とした形では文章を書きたくないからなのでしょう。それで、独り言文の形にして論点をそらすのです。

あなたが「主張を支える根拠を述べる能力のない人」なら仕方ありませんが、能力のある人なら独り言文を書くのはやめましょう。独り言文を書いたのでは、論理的な人に、あなたは「主張を支える根拠を書く能力のない人」と見なされるだけなので、まったく損なのです。

▼独断的な主張には〝根拠〟がない

「主張せよ」と言われたときに、「私は独断的なことを言いたくないから……」と答える人がいます。もちろんその人は、六一ページのコラムの思い違いをしているのです。

ここで、独断的な主張と、本書で言う正しい主張との違いを簡単に述べておきましょう。

コラム——「働きかけ」について

現代の日本人は、他人に働きかけることを好まない国民であるようです。その例を挙げるなら、たとえば、乾燥剤の袋の多くには「食べられません」と書いてあります(「食べてはいけません」と書くと、働きかける文になります)。

ゲームのルールの記述ではmustにあたる表現は極力避けられ、その代わりに現在形が使われます——たとえば「和が＊となるように置きます」という具合です(「和が＊となるように置かなければなりません」と書くと働きかける文になります)。

現代の日本人は、おそらく、「他人の意志に係わる事柄に触れることはタブー」くらいに考えているようです。この背景には、無礼な人や押しつけがましい人、独断的な人、「自分の意見を言うことには非常に熱心なものの、相手の意見を聞く気はまったくない人」などだけが、他人の意志に係わる事柄に触れている現状があります。こういう人たちは単に触れるのではなく、自分とは異なる意見をすっかり排斥しようと熱心に行動します。たとえば、そう主張するのが正しいかどうかは別として、「女性はしとやかであるべきだ」と単に主張するだけではなく、しとやかでない女性にしつこく嫌がらせをする、といった具合です。

無礼な人・押しつけがましい人等々の主張と「正しい主張」の違いを知らない人が多く、「『主張』は『命令』のようなもの」と考えている人も多い——そのような理由から、現代の日本の現状が生まれているのでしょう。

根本的な違いは、独断的な主張には根拠がそえられていなくて、正しい主張には根拠がそえられている点です。つまり、「私たちは～すべきだ」と述べただけで、なぜそうすべきなのかが文章中にないのなら、その主張は独断的な主張となります（根拠なしの文章は論理的な文章にはなりえないことは言うまでもありません）。**「私たちは～すべきだ」に、〝なぜなのか〟がそえられてはじめて正しい主張となるのです。**

なお、もちろん、単独の根拠で正しい主張になるためには、その場合の根拠は、それだけで読み手の納得のゆく種類のものでなければなりません。そうでない場合――たとえば、「私たちには、ロバはなくてはならない友だからだ」というような、読み手が「どうして？」と首を傾ける事柄が根拠だった場合は、その下位の根拠（「ロバはなくてはならない友」と言える理由）も述べられていなければ、主張は正しくなりえません。

▼主張は他人を〝強制〟するものではない

「主張せよ」と言われたときに「私は自分の意見（で相手の行動）を強制したくないから（主張したくない）」と答える人もいます。

もちろん、この人も思い違いをしています。意見を主張することを「強制」と心配する必要はありません。

「Aすべきだ」（たとえば、「禁煙すべきだ」とか「毎日ジョギングすべきだ」など）に対し、人はそう言われたからAをするのではありません。「Aすべきだ」に対し、そう言われてAをする人は、「Aすべきだ」と言われたからそれをするのではなく、「Aをなぜすべきか」の部分に論理的に納得して、それでAをするのです。人の意見を受け入れて行動するとはそういうことで、Aをする人は自分の意志でAをするのです。

ですから、根拠をそえて主張をすることを「強制」と心配する必要はないのです。

【付記】

もちろん、根拠をそえずに主張して、かつ、相手がAをしないときに「なぜしないのか」とあなたが詰め寄るのであれば、そのときは「強制」と大いに心配してください。

……もっとも、そういうことをする人は、自分の言動が強制であるだろうかなどと心配する理性を持ちあわせていることはありませんね。

おそらく、「主張することを強制と心配する人の主張は、決して強制になりえない」くらいに考えて差《さ》し支《つか》えないでしょう。

▼強制、主張、日本的な「主張（？）」

強制、主張、日本的な主張の違いを簡単に書き述べると、次のようになるでしょう。

- **強制**――納得いこうといくまいと受け入れよ、と迫るもの。
- **主張（論理的な主張）**――納得したなら受け入れよ、と迫るもの（なげやりな態度ではなく、「これで絶対に納得できるはず」の自信を込めて）。
- **日本的な「主張（？）」**――主張ではなく次のような独り言。

私は「A」であると思うが、断言はしない。「Aであるか否か」をあなた自身で考えてほしい。そして、Aであると同意してくれればうれしいが、Aであるとは思わない場合には私に反論をしないでほしい。なぜなら、私は個人的に「Aである」と思っているだけなのであって、「Aであることを受け入れよ」とあなたに迫っているのではないのだから。

▼主張とは「個人的な主張」のこと

あなたが考えを述べるときは、それはあなた自身の発言です。それがどんな内容の主張であろうと、それはあなたの個人的な主張です。たとえば、おそらくほとんどの人がそう考えている「世界平和は守らなければならない」とか「環境を破壊してはならない」と述べるときも、やはりあなた自身の主張です。世界のほとんどの人が同じように考えていたとしても、それは単に、ほとんどの人が同じように考えているだけにすぎません。

【補足1】

「主張とは個人的な主張のこと」と書くと、「個人的な場における主張」と勘違《かんちが》いする人がいるかもしれませんが、もちろん、そのように限定されるものではありません。私的な場であろうと公的な場であろうと、主張は個人的な主張です。

【補足2】

したがって、気持ちの問題として、あなたが「ごく当たり前のこと」と思っていることを述べるときでも、「いま私は個人的な意見を述べている」という意識を持っていたほうがいいのです。なぜなら、そのほうが主張が明確に表現できるようになるからです。

また、自分の主張を述べる際に、「これは私自身の個人的な考えだが」などとわざわざ述べる必要もありません。

個人的な意見であることを明記しなければならないのは、「あなた自身の意見」と「一般の意見の伝達」が混在する文章を書く場合です。

▼主張は報道ではない……一般論をめぐって

「Aは一般にはBと考えられている」という表現は主張ではありません。それは報道です。

「Aは一般にはBと考えられている」と文章中に書くのはもちろんかまいませんし、そう書くのは間違いではありませんが、主張（結論）の部分にそれを置くのは間違いです（もちろん、現状を調査した報告書の結論にそのように書くのは間違いではありません。それは報告書が私的・公的な報道だからです）。

▼日本人はとくに注意が必要……一般論を書いても、やはりそれはあなたの主張

日本人（とくに日本の学生）がよく書くタイプの文章に「雑感をいろいろ連ねて最後に――反論されたくないと願うからなのでしょうが――自分の主張を避けたものとしての一般論を置き、結論たるその一般論を直接支える根拠を書かない」という形のものがあります。これは論ずる文の形式として、根本的に間違っています。一般論を書いたところで、それはやはりあなたの個人的な主張なのです。

したがって、主張を直接支える根拠を省いてはならないのです。多くの人が同じように考えていたところで、それは単に多くの人が同じように考えているだけのことであって、結論の根拠を省略してよい理由にはなりません。

「思う」の使い方

主張は個人的な意見であり、個人的な意見は思っていることを書くものなので、主張する際に、ことさら「思う」を使う必要はありません。「～は偉大な～だ」と思っていることを書くときは「～は偉大な～だと思う」ではなく、「～は偉大な～だ」でよいのです。それで読み手は、書き手がどう思っているかはわかりますから。

日本人には、思っていることを書くときに「思う」を条件反射のように使う人が多いので、無意識のうちに「思う」を使うことがないよう十分注意したほうがよいのです。

【付記】

「思う」を使うのは、「自信のないとき」と「推測を書くとき」だけにしましょう。

▼「～と思う」を、ごまかす表現として使ってはならない

「～と思う」は、「思うか思わないか」に論点をすりかえた、主張をごまかす表現としても使われます。この使い方としての「～と思う」は、反論を拒否するための表現で、また、他者への働きかけを避ける表現で、主張ではありません。

たとえば、「～は女性差別だと思う」は、「女性差別ではない」という反論に対し、「私はそう思うので、『そう思う』はまったく正しい発言」と答えようという目的を無意識に（あるいは意識的に）持った表現なのです。つまり、正面から議論

するのを最初から避けようとしている表現で、態度としてもこれはフェアなものではありません。

このような、主張をごまかす目的での「〜と思う」を使ってはなりません。

【付記】……英語の"think"について

英語のthinkは、日本語の「思う」とだいたい同じです。それで、日本語で「〜と思う」と表現をした場合、それを英訳すると多くの場合、英文中ではthinkを使うことになります（もちろん、thinkではなく、guessやsupposeやbelieveやexpectなどを使っても、基本的には同じようなものです）。

「〜と思う」という表現をあまり使うべきでない理由の一つはここにあります。それは、「〜と思う」の文は英訳するとthinkを使うことになり、thinkを使った主張は英語では非常に弱い表現だからなのです。これは、これまでに述べた理由と比べると些細《ささい》な理由ですが、やはり理由の一つではあります。以下、thinkの弱さを、いくつかの例をとおして見ていきましょう。

★"I think so."と"I don't think so."

"I think so."は「私はそう思う」の意味ですが、日本語の「私はそう思う」と異なるのは、"I think so."はあいまいな肯定の意で使われる点です。これは"Yes."とはっきり答えられないときや、"Yes."と答えるのを避けるときに使われます。

たとえば、"Ready?"「もう準備できた?」に対して"I think so."と答えると「ええ、まあ」くらいの意です(完全に準備ができていることを伝えたいときは"I think so."とは言いません)。

同様に"I don't think so."は、あいまいな否定として使われます。

もっともそれが理解しやすいのは次の例でしょう(この例では"I don't think so."を「私はそうは思わない」と訳すと、変な会話になることに注目してください)。

たとえば、Aが、スケートに行こうとBを誘っているとしましょう。

A:Come on. Let's play it cool.

これに対し、Bは次のように答えることができます。

B:Er... I don't think so.

この場合のBのセリフは"No."とはっきり言えない気持ちが表われた"No."で、あえて訳すと「うーん、まあやめとくよ」くらいになります。

"I think so."は確信のない場合の発言として使う句なので、言うまでもないことですが、この句で相手を説得することはできません。たとえば、ある事柄に自信が持てなくて迷っている相手に"Do you think so?"と意見を聞かれたときに"I think so."と答えたのでは、相手の迷いを取り除いてあげることはできず、"Really think so?"「ほんとうにそう思う？」とあなたは再び聞かれることになるでしょう。相手に自信を持たせてあげたいのなら、"I know so."と言ってあげなければいけません。

また、thinkにはあいまいさがつきまとうので、thinkを使っている文は、日本語では、単に「思う」よりも「たぶん〜だろうと思う」に近いことがよくあります。

たとえば、

I think this sacrifice is sound.

と書けば、これは、「このサクリファイスはたぶん正しいだろうと私は思う」くらいの意です（チェスで駒《こま》を捨てる手をサクリファイスと言い、soundは「論理的に正しい」の意）。

「自信はないけれども」の気持ちを表わしたいときにはthinkを使うといいのです

が、自信を持っているときには英語ではthinkを使ってはいけません（それでは自信を持っていることが相手に伝わりませんから）。ちなみに、前述の文は、自信があるときには、単に次のように書けばいいのです。

This sacrifice is absolutely sound.

この場合、「思う」の部分は不要です。これで、どう思っているかは読み手にはわかるからです（absolutelyは「まったく」の意）。

【付記】

なお、参考のために付記しておきますと、D・ロッドマン著の『SAT II, Writing』（SATは大学入学を望むアメリカの高校生が受けなければならないテストの名で、この本は参考書です）では、小論文の書き方に関して次のように明言されています。

Avoid such unnecessary phrases as "I believe," "I feel," and "in my opinion."（「と思う」「ではないかと思う」「私の意見では」などのような不必要なフレーズは使うな、の意）

「断言せよ、そして、断言できる根拠を徹底的に書け」の基本方針なのです。そしてこれは、単に著者の基本方針なのではなく、アメリカの書き方の大基本です。

「だから何？」と考えよう

働きかける主張を見つけるために、「だから何？」をつねに（日常的につねに）考えましょう。

たとえば、図書館の中で騒々しい学生を注意する主張をするとしましょう。その際、「騒がしいわよ」で終わってはいけません。つまり、「静かにして」のところまで話を進めるのです。「だから何？」の部分まで考えるのです。

こうして、「あなたたちは騒がしい」の中から、働きかける主張「静かにしてほしい」が見つかります。

また、たとえば、○○湾の干拓《かんたく》に反対する主張をするとしましょう。その際も「○○湾の干拓工事は間違っていると思う」で終わってはなりません。「だから何？」の部分まで考えるのです。

つまり、「即刻、干拓工事を中止すべきだ」などのところまで話を進めるのです。こうして「～は間違っていると思う」の中から、働きかける主張「～すべきだ」が見つかります。

▼自信を示す

「自信を示す」ことは、主張をする上で非常に大事なことです。というのは、自信のない主張には説得力はほとんどないからです。

ここで言う「自信を示す」は、もちろん、空威《から》張りとは意味が異なります。また、もちろん、「高圧的な態度に出る」とも意味が異なります。持っている自信を、単に、素直に表現中に出すことを意味します。

日本人の中には「自信を示す」ことに抵抗を感じる人が少なからずいます。この種の人は、おおかたは次の二つのタイプのいずれかであるか、あるいは、両方をかねそなえているようです。

A　間違った発言・記述をすることを極端におそれている。

B　「自信を持って発言をする人は、他人の意見には決して耳を傾けない人」と思い込んでいて、そういう『愚か者』に自分はなりたくないと思っている。

Aに関しては、もちろん、そのようにおそれる必要はありません。間違った意見を述べたところで、それは単にあなたが間違った発言を述べただけであって、それ以外の意味はありません。もちろんそれであなたの人格が否定されるということもありません。というのは、主張と「人」は別物だからです。

Bに関しては、他人の意見に決して耳を傾けない人は確かに『愚か者』です（もちろん、愚か者である本人にとっては愚か者ではありませんが、いまはその話をしているのではありません）。でも、自信を持って発言する人は愚か者ではありませんし、アメリカでは授業中に「自信を持って話すこと」が教えられているところからみても「望まれる人」と言えます。「自信を持って発言する人」と「他人の意見に決して耳を傾けない人」は同一人物ではありません。

【補足】

「小論文の書き方」に関する助言に次のものがあります。これは英語圏の常識を示す助言です。

You may well be assertive.

これは「あなたはつねに自信を持って書いてよいし、そうするのは理にかなったことである」の意です（assertiveはpersistently confidentの意）。

コラム——言いきるのは難しい

言いきるのは非常に難しい。これは言いきることが「行動として難しい」という意味ではありません。言いきった場合、間違いになることが非常に多いということで、正確には「正しく言いきることは非常に難しい」という意味です。

したがって、「正しく言いきることは非常に難しいであろう」とか「正しく言いきることは非常に難しい」というように表現するほうが、「言いきることは非常に難しい」と言いきるよりも無難なのです。

つまり、「正しく言いきることは非常に難しくはない」と決して言えないことを確認しないかぎり、「正しく言いきることは難しい」と言うべきではないのです——おっと、この最後の文には慎重さが欠けていますね。より慎重に述べるなら、「正しく言いきることは難しい」と言うべきではない「でしょう」、となります。——いえいえ、またまた失敗。さらに慎重に述べると、「正しく言いきることは難しい」と言うべきではない「でしょう」、となるでしょう。

と、こうして私たちは迷路の中です。でも、もちろん、これは当然。「言いきるのは難しい」と考えている人は、最初から迷路の中にいるのですから。ただ、そこにいることに気づいていないだけなのです。

では、迷路から脱出しましょう。方法は簡単。単に言いきればいいのです。「言いきるのは難しい」と言いきればいいのです。

私の言っている意味がわかりますか？「言いきるのは難しい」と言いきるのは簡単、と私は言っているのです。

もう一度聞きましょう。私の言っている意味がわかりますか？

3章　根拠を詳しく書く

根拠を示す

すでに書いたように、論理的な文章を書くためには、根拠は欠かせません（絶対に必要な構成要素だからです）。

論理的か否かという観点から、仮に離れたとしても、根拠はいろいろな意味で文章に必要です。これもすでに述べましたが、根拠なしの断定は独断的な文章になります。

▼根拠は「論」に説得力を与える

根拠の一番大きな力は、主張に説得力を与える点です。ですから、仮にあなたに論理的に書く意志がなかったとしても——そんなことはないでしょうが——主張に説得力を加えたいのなら、絶対に根拠を書くべきです。

「真実を述べればそれで十分であり、かつ、人はそれだけでその正しさを理解するべきで、理解できないのならその人が間違っている」と考えている人がよくいて、議論の仕方の本を書いている人の中にもこのタイプの人がいます。

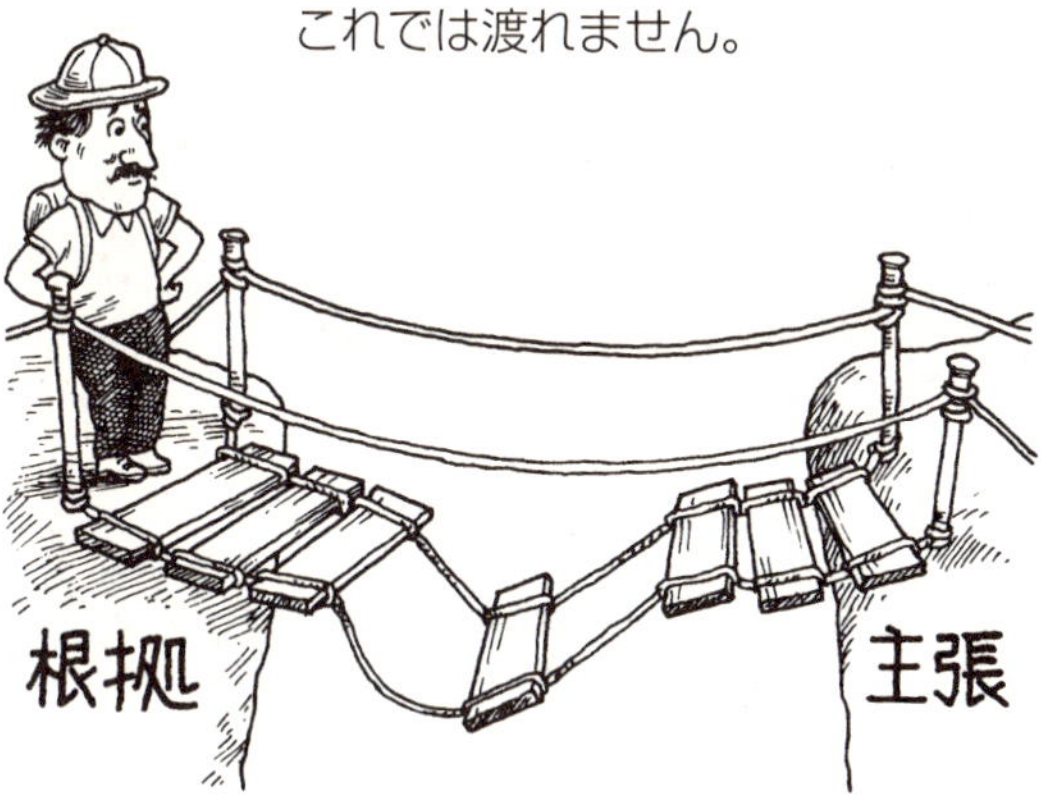

が、この考え方は論理的な文章を書く上で大きな障害になります。というのは、「正しいこと」は、それがなぜ正しいかを示さないのなら、その正しさは他の人には伝えられないからです。正しいことが自分には自明であっても、「自明」と述べただけでは証明にはなりません。

話を「真実」に戻しますと、私たちは真実（私たちにとっての真実）を述べるだけではなく、それがなぜ真実かを示さなければならないのです。

「論」に説得力を与えるのは主張ではなく根拠です。たとえば、制服着用の是非《ぜひ》を論ずる際には、「制服着用を義務づけることは正しい（あるいは、間違っている）」と述べたところで、それだけではその「論」は説得力を持ちません。

大切なのは、賛成の側からは、たとえば「制服着用のメリットを人にアピールすること」であり、反対の側からは、たとえば「制服着用の弊害《へいがい》を人にアピールすること」なのです。

★根拠の力を示す例

実際、根拠は大きな力を持ちます。たとえどんなにめちゃくちゃな根拠であろうと、きちんと根拠が述べられていれば、その文章は論理的な色彩を強く持ちます。根拠の力は偉大です。それを示す楽しい例を三つ挙げましょう。

ディオニュシオスから、哲学者たちの方は金持の門をたたくのに、金持たちはもはや哲学者たちの門を訪れようとしないのはどうしたわけかとたずねられたとき、「哲学者の方は自分に必要なものを存じておりますが、金持はそれを知らないからです」と彼［アリスティッポス］は答えた。

食料品の購入に金をかけすぎるといって彼［アリスティッポス］を咎《とが》め

た人に対しては、「でも君は、三オボロスでこれが買えたなら、買いはしなかっただろうか」と彼は応じた。そして相手が同意すると、「それならもはや、ぼくが快楽好きなのではなくて、君がお金好きなのだ」と彼は言った。

ディオニュシオスから彼［アリスティッポス］は金を受けとり、プラトンの方は書物をもらったとき、そのことで彼を非難した人に向かって、彼は言った。「ぼくにはお金が不足しているが、プラトンには書物が足りないからだ」

（著者注・オボロスは円やドルと同じ通貨単位）

ディオゲネス・ラエルティオス『ギリシア哲学者列伝』

（加来彰俊訳、岩波文庫）

▼根拠を形式の上からはっきり示す

根拠を述べる上でもっとも大切なことは、どれが根拠かをはっきり示すことです。長い文章なら、根拠を述べている際に、「いま根拠を述べている」ということがはっきり読み手にわかるように書くことです。**文脈の上から根拠がわかるのではなく、接続詞などを使って、形式の上から根拠がわかるように書かなければなりません。**

この主な理由は、

●文章の論理色を強めるためであり、

●読み手の負担をより軽くするためです。

日本人は、どれが根拠かをはっきり示すという点に十分注意が必要です。というのは、「根拠であることが明確に示されていない根拠」が日本の文章には非常に多いので、おそらく、たいていの人は、根拠であることを明確に示さないほうが、日本語の文章として自然に感じるでしょうから。

「日本語で書かれた文章が論理的に見えない最大の原因」はここにあります。根拠を述べていながら、それが根拠であることを形式の上から示さない――そういう文章を書く習慣に、多くの人が染まっているのです。**「形式の上から根拠であることを示す」とは、「〜だから」とか、「なぜなら」などを使うことを意味します。**

「Aである。Bである」――これが日本語のごく一般的な書き方ですが、そう書く

コラム――理由、理由、理由！

論理的であるためには、理由に対する鈍感さは捨て去らねばなりません。論理的に話したり書いたりするためには、「理由」は欠かせないからです。

ところが残念なことに、日本人は「理由」に対し、まったく鈍感です。過失をした子供が弁明をしようとすると「言い訳はやめなさい」と言う親が数多くいます（これは、子供の「自己の正当性を主張する性質」が育つのを妨げます）。過失をした子供に「言い訳をしなさい」と言うアメリカの親とは、興味深いことに、まったく逆です。

「これは言い訳にすぎませんが」という句は、ほとんど決まり文句のように日本では使われています。これは、言い訳をすることに罪悪感を感じているかのような表現です。

誰かのところに行かないときに、そこに行く友人に「（私が行かない）言い訳を考えておいて」と、アメリカ人は実際言うことがありますが、日本人はそのようには決して言いません（何か言うなら「謝っておいて」です）。

また、かつて厚生省（現厚生労働省）が栄養指導の1つとして「毎日30食品を食べましょう」とキャンペーンをしたとき、「なぜ毎日30食品を食べるべきなのか・食べるといいのか」は、私の知るかぎりでは、決して述べられることはありませんでした。

これらを見ると、誇張して言えば、日本人は自己の正当性の主張をすることがほとんどなく、論理で動くのではなく、指示や命令で動く「物」のようにすら思えます。

理由に対する鈍感さは、絶対に捨て去らねばなりません。さもなければ、理由なしの文章しか書けないでしょうし、そうすると、書いた文章が論理的な文章としての必要な部分を欠く文章にしかならないからです。

のではなく、「Aである。なぜならBであるから」などのように書くのです。こう書いてあれば、読み手は、AとBの意味の関連を考えなくても、どちらが根拠なのかがわかります。

一方、前者「Aである。Bである」では、読み手はAとBの意味をじっくり考えなければどちらが根拠かわかりません。前者は読み手に余分な負担を与える文章なのです。この書き方では、書き手が論理的な人であっても、その人が書いた文章は、論理的には見えなくなってしまいます。

たとえば、小さな例（ちょっと変な例）を一つ挙げてみましょう。

「女の子は弱い。すぐに舌を出す」

――これではいけません。どちらが根拠かをはっきり明確に示すのです。つまり、「女の子は弱い。なぜなら、すぐに舌を出す」とか、「女の子は弱い。それゆえ、すぐに舌を出す」といった具合に、どちらが根拠であるのかを明確に示すのです。

▼日常生活の会話中の根拠

日常生活の会話においては、根拠が形式の上から示されることはあまり多くあり

主張
根拠

ません。これは日本語のみならず、英語においてもそうです。たとえば、

"Would you keep it down? People live here."

(「静かにしていただけませんか。(ここには) 人が住んでいるのよ」の意)

といった具合です(ちなみに、ここでのwouldは礼儀正しく頼むときに使う助動詞です)。

そしてこのことが、日本においては次項の問題点を生んでいます。

▼日常感覚から離れて書く

日本語の文章は、日常会話に非常に近い形態である「語り口調」(独り言口調)が自然な文章と見られているようです。それゆえ、自然な文章を書こうとすると、無意識のうちに接続詞が省かれるなどして、根拠が形式の上から示されることがなくなる、かなり強い傾向が見られます。＊

したがって、論理的な文章を書くためには、「接続詞を使わないほうが自然な文章になる」と思っている人は、「自然な文章」を書こうとする気持ちを抑えなければなりません。

また、「接続詞を使うと文章の美しさが損なわれる」と考えている人も少なから

ずいます。もしもあなたがそのように思っているのなら、あなたは論理的な文章を書くためには、美しい文章を書こうという気持ちを抑えなければなりません。

［＊たとえば、「沈黙は美徳ではなく、むしろ罪悪である。私たちは雄弁でなければならない」とか「私はそれをスケッチブックとして用いている。文字だけより図があるほうがあとで頭の中に再現するときに楽だ」といった具合です（前者では最初の文が根拠で、後者では後ろの文が根拠ですが、いずれの場合も「それらが根拠であること」が形式の上から示されていません）］

▼主張を十分支える根拠を書く

根拠を書く上で、その内容の面からもっとも大切なことは、「根拠が主張を十分支えていること」です。当たり前のことですが、**根拠は主張を十分支えていなければなりません**。根拠は主張を支えるためのものですから、根拠のつもりのものが主張を支えていないのであれば、根拠はその役目を果たしていないことになります。

根拠は「論」を文字どおり支える根幹の部分です。根拠が貧弱では、主張の正しさは他人には伝わりません（もちろん、同じ主張をはじめから持っている人には伝わりますが)。したがって、「主張を十分支える根拠を書く」ということを、あなたはつねに強く意識していなければなりません。

★根拠不足の例

根拠が不足している文章が読み手にどんな思いを与えるかを実感で知るための例として、『パンセ』から文章を一つ引用しておきましょう。

人間が偉大なのは、自分が惨《みじ》めなことを知っているからである。樹木は自分が惨めなことを知らない。

だから、自分が惨めなことを知るのは惨めなことであるが、人間が惨めであることを知っているのは偉大なことなのである。

(小野田訳)

これには書かれていないことがあまりに多すぎます。おそらくあなたは以下のように考えたことでしょう。

「人間は自分が惨めなことを知っている? 知ってないよ、誰も」

「なぜ惨め？」

「人間？　筆者が惨めなんじゃないの？」

「樹木が惨め？　なぜ？」

「樹木が知らない？　なぜ知らないと言える？」

「人間が知っていて樹木が知らないなら、人間が偉大なの？　なぜ？　人間は光合成ができなくて樹木は光合成ができるから人間が偉大なの？」

「小さい動物は地震を予知できるけれど人間はそれを予知できないから、小さい動物のほうが偉大なんだね」

「こんな文で納得する人がいるの？　絶対にいないね」

——などなど。


この文章に述べられていないことは実にたくさんあります。それで当然疑問はたくさん出てきます。根拠は十分書かれていないと、主張を支えられないのです。

▼主張を直接支える根拠を書く

主張を十分支える根拠を書くためにもっとも大切なことは、「主張を直接支える根拠を書く」ということです。

「主張を直接支える根拠を書く」と、このように書くのは簡単なことで、あなたもこれを読んで「そんなことは簡単なことだ」くらいに思ったことでしょう——（と、ここで話の幹《みき》ではない枝の話に入りますが、これは脱線ではなく、幹の話を続けるために必要な部分です）——そして、そう思うのは大切なことです。たいていのことは、「簡単だ」と思うことで、ほんとうに簡単になってゆくものですから。

何かを教えようとする場合、「難しい」という表現をあまり使うべきではありません。たとえば、「Aをするのは、いくぶん難しく～」などと教えると、そう教わった人はAをすることに、実際よりもより多くの困難を感じることになるからです。

それで、以下の文章を書くのには、私はかなりのためらいを感じているのですが——（と、話は幹の部分に戻ります）——実際のところ、主張を直接支える根拠を書くということは、それほどたやすいことではありません。

これには二つの大きな理由があります。

一つは、①論証そのものが持つ、「論証不可能性」のパラドクス*ゆえで、もう一つは、②各人の持つ「当然」の意識がそれぞれ異なっている点ゆえです。

［＊ここで言う「論証不可能性」とは、以下のようなものを指します。「AゆえにB（は正しい）」が正しいことを示すためにはCが必要で、「Cゆえに『AゆえにB』は正しい」を述べなければならず、「Cゆえに『AゆえにB』は正しい」が正しいことを示すためにはDが必要で、さらに、「Dゆえに『Cゆえに《AゆえにB》は正しい』は正しい」を述べるためにはEが必要で……と、以下永遠に続く］

このうち、①は常識的に考えることで「実際的」には簡単に克服できます（正確に言うと、何も克服してはいませんが）。

ただし、常識は国によっても、地域によっても、また、時代によっても異なるので、「常識」を重視するのは考えものですが、①に対してはそれで解決したと見るしか解決策はないでしょう。また、たいていの人は「常識」的なので、①は些細《ささい》でばかばかしい問題――あるいは、意味のない言葉の遊び――に見えるでしょうから、その点から考えると、①には「実際」上の問題はないとも言えます。

一般の人にとって実際に問題となるのは②のほうです（実は①と②は同じです。ただ別の面から見ているだけです）。

多くの場合、「AゆえにB」と述べる人にとって「AゆえにB」は当然であって、その人にとってAはBと強く『つながって』います。それで「なぜ『ゆえに』なのか」などとはまず考えません。その人の頭の中では、AはBを直接支えているのです。

ところが『つながって』いない人は、「なぜ『ゆえに』なのか」と考えることになります。つまり、この人にとってのAは、Bを直接支えていないのです。

たとえば、「暴力描写をともなうポルノは有害である。ゆえに暴力描写をともなうポルノには規制が必要である」と思っている人（私はその一人です）にとって、「暴力描写をともなうポルノは有害である」と『ゆえに』暴力描写をともなうポルノには規制が必要である」と『ゆえに』でつながるのは当然なのです。

そのため、なぜ『ゆえに』なのかを述べる必要を感じませんし、さらに、なぜ『ゆえに』なのかと考えすらしない場合も往々にして出てきます（「有害なものは排《はい》斥《せき》されなければならない」という大きな前提を、当然のこととして自分が認めていることを、つい見逃すのです）。ところが、この例の場合もそれ以外の場合も、万人にとって『ゆえに』ではありません。

「論」を書くためには、この**「万人にとって『ゆえに』と言えるものはない」**点をしっかり理解していなければなりません。そして、**『ほぼ』万人にとって『ゆえに』と言える点まで詳しく述べる努力をしなければなりません**。この努力が多いほど、文章はより論理的な色彩を持ってゆきます。

②を克服するためには、あなたは「人の考え方はそれぞれ異なるものだ」という意識――知識ではなく、意識――を強く持ち、自分が〝当然〟と思うことすら詳しく述べる必要があります。

日本人には「考え方は人それぞれ」の『意識』がかなり弱いので、このことには十分注意が必要です。

根拠を見つける

主張を直接支える根拠の探し方としてもっとも簡単な方法は、主張と根拠の間に飛躍がないかを考えることです。「あなたにとっての飛躍」がないかを判断するのではなく、他の人にとっては飛躍が存在するかもしれない可能性を考えるのです。

▼主張を直接支える根拠の探し方……「なぜ？」と自問する

そのためには、人から根拠と主張のつながりについて、「なぜ？」と聞かれた場合、あなたはどう答えるだろうか、を考えてみるとよいでしょう。つまり、「なぜ『ゆえに』なのか」と自問してみるのです。

「なぜ？」に対して、もしもあなたがすらすらといろいろなことを述べることができるのなら、あなたの主張と根拠の間には大きな隔たりがあると考えてよいでしょう。

その「すらすらと答えられる返事」そのものの中に、主張を直接支える根拠――依然として間接的な根拠であろうとも、もともとの根拠よりもさらに近くから主張を支える根拠――が見つかることでしょう。

★主張を効果的に支える……主張に対する反論をあらかじめ考える

根拠は主張を直接支えるだけでなく、効果的に支えなければなりません。というのは、近くから支えようとしすぎると、極端な場合はほとんど同義反復になることもあり、そうなると根拠は主張を支える力を失うからです（もっとも、相手を暗示にかけようとする場合は、同義反復は大きな力を持つ場合がよくありますが、本書で言う主張を支える力は、あくまでも論理的な力を指します）。

とはいえ、同義反復ではばかばかしい「論」になることは、たいていの人には簡単にわかりますから、同義反復に注意する必要はないでしょう。

さて、「効果的に支える」方法ですが、それには、「あなたの主張に対する反論」をあなた自身で考えてみるのがよいでしょう。そして、その反論に対するあなたの答え（つまり、反論に対する反論）を、あなたの「論」の中にはじめから盛り込むのです。そうすれば、あなたの文章は非常にしっかりした、強い論理性を持つ文章になります（また――論理性とは関係ないのですが――そうすれば、「あなたは非常に頭が切れる人」という印象も強く出せます）。

★主張と根拠の間に大きな隔たりをつくらない

主張と根拠の間に大きな隔たりがある場合を大別すると、次の二つのタイプに分けられるでしょう。

タイプA　主張と根拠がほとんど関係がない（テーマが共通なだけ）。

タイプB　主張と根拠の間に、述べられていない大きな前提がある。

タイプAは現在の日本ではふんだんに見られます。この場合の根拠は実際は根拠ではなく、根拠のつもりなだけの「根拠」です（あるいは、根拠のつもりもない場合が多いかもしれません）。

本書の読者は「主張を直接支える根拠を書く」ということを知っているので、タイプAに該当する文章を書くことはないでしょうから、これを書かないように、ここで注意を促《うなが》す必要はないはずです。

一方タイプBには注意が必要です。というのは、大きな前提が隠れる場合、その前提はあなたにとって自明なことだから隠れてしまうのです。つまり、自明なことをわざわざ述べあげるのはばかばかしいし、時間や労力のむだでもあるから、「賢明」であろうとして前提が隠れるのです。しかしながら、**あなたにとっての自明は「誰にとっても自明」を意味するものではありません**。

ある文章の背後に大きな前提が隠れていて、読み手がその前提に同意できない場合は、読み手にはその文章は非論理的に見えますから、大きな前提が隠れた文章を書かないように注意すべきです。

タイプBの文章を書くのを回避するためには、あなたが自明と思うことですら、時間や労力を惜しまず丁寧《ていねい》に述べあげるのがもっとも単純で効果的な方法でしょう。もっとも、省略するのと比べると時間や労力がかかるので、「てっとり早い方法」とは言えませんが。

回避の効果的な方法の学び方としては、英語で書かれた文章（日本語の文章を英訳した文章ではない）、とくにさまざまな入門書――あるいはその翻訳――を片っ端から読みまくることを私はお勧めします。

英語で書かれた入門書では多くの場合、説明の丁寧さはまったく感動的ですらあり、どこまで書き尽くさなければならないのかの感性を養うためには、それらの読書が最適でしょう（巻末に「参考図書」を挙げてあります）。

▼根拠を書くのが難しい場合

ある主張の根拠として、「根拠なしの別の根拠」を書かざるをえない場合があり、この場合は根拠を書くのが非常に困難です（書くという作業が難しいのではなく、論理的にしようと工夫するのが難しいのです）。たとえば、信念に係わる話を論ずる場合や、ほとんど同じようなものですが、哲学的な話を書く場合などがこれにあたります。

このような場合、書き手と別の考えを持つ人を納得させる根拠を書くことは、不可能な場合がほとんどかもしれません。でも、根拠を書くことで、文章には少なくとも論理的な色彩はいくぶんかは加えられます。

実際、信念に関する話は論ずるのが難しいものです。書くのが難しいのではなく、その文章に論理的な説得力を与えるのが難しいのです。人はみな、それぞれにお気に入りの説を持っています。そして、多くの場合、なぜその説を持っているかには、論理的な理由はないのです。この論理的な理由のない説に対して、論理はほとんど通じません。

たとえば、性をタブー視する人が、なぜ性をタブー視するかというと、それは、「性をタブー視すべきだから」です（なぜ性をタブー視すべきかの理由は、たいていの場合はありません。つまり、「タブー視すべきだからタブー視すべき」の考え方を持っています）。

このタイプの人は、「性をタブー視すべきではない」という説を、まず受け入れないもので、そういう人の多くには、タブーに関する事柄に関して論理は通用しません。――とは言っても、その人が必ずしも非論理的というわけではなく、単に信念が論理から厳重に「保護」されているだけのことです。

逆に、科学的な視点からしか、性を見られない人（「そんな人がいるの？」と、もしかしたらあなたは思うかもしれませんが、実際にいます）には、性の持つ社会的な「秘めやかな」側面が理解できません。秘めやかな側面は情報として知っておくことができるのみです。

哲学的な話も、信念に係わる話と同じようなものです。哲学書に「主張の羅列《られつ》のみで根拠の書かれていないもの」が多く見られるのはこういった理由によります。根拠が書かれていても、その根拠そのものが、著者の別の主張なのです。これは哲学の性格上（?）しかたのないことと言えるかもしれません。

★哲学的（?）な文章の一例

話を進めるのをここでいったんとめて、哲学者（?）の文章の一つを、論理的な目でながめてみましょう。次の文章はボイテンディク（二十世紀オランダの現象学的人間学者）のものです。

なるほど性差に関する心理学的研究は、ハイマンスあるいはターマンとマイルズがしたように、一見したところ事実を客観的に確認することの何ものでもない。しかし、もっと深く洞察《どうさつ》してみるならば、たとえば女が男

よりも感情的であるとか不安に陥《おちい》りやすいといった事実を確認することは可能であることがわかる。ただ、それには典型的に女らしい感動とか女の特徴的な不安とがどこに在るかという問いを関連させねばならない。だがこのような問いに答えるための試みは女性の自然に関する完全な知識がなくては成功しない。

ボイテンディク『女性』(大橋博司／斎藤正己訳、みすず書房)

この文章は非論理的に見えますが、それは、根拠が十分に書かれていないことに原因があります。このことは、文章を補足して次のように書き換えてみることではっきりわかることでしょう。

【書き換え例】

なるほど性差に関する心理学的研究は、ハイマンスあるいはターマンとマイルズがしたように、一見したところ事実を客観的に確認することの何ものでもない(たった二例から心理学的研究一般についてなぜそう言いきれるのか、理由は書かない。それに理由を私は書けない。なぜなら、私はそれを次の文で否定するつもりなのだから)。しかし、もっと深く洞察してみるならば、たとえば女が男よりも感情的であるとか不安に陥りやすいといった事実を確認することは可能であることがわかる（なぜ可能であることがわかるのかの理由は書かない。それから「女が男よりも感情的であるとは言えない」という研究結果があることにはここでは触れない。触れたら「～といった事実」と書けなくなるからである）。ただ、それには典型的に女らしい感動とか女の特徴的な不安とがどこに在るかという問いを関連させねばならない（なぜそのように関連させねばならないのか、理由は書かない）。だがこのような問いに答えるための試みは女性の自然に関する完全な知識がなくては成功しない（なぜそういった知識がなければ成功しないのか、理由は書かない。また、成功したあとで何が必要だったかを述べるのではなく、まだ成功していないにもかかわらず「成功するために何が必要か」を明言できる根拠もここには書かない）。

【補足】

前項はもちろん、単にボイテンディクを批判するためのものではありません。この種の文章は、誰もが書くものです。どんなに論理的な人でも、何かを論ずる際に重要でない部分を述べるときには、言葉の経済性を優先させて、この種の文章を書くことはよくあります。
前項を置いた目的は、論理的な文章とは何かの感性を養う材料の一つを読者に提供するためです。そして、「論」の中心部分で少なくともこのような書き方をしてはいけないことに注意を促すためなのです。

▼根拠なしの文章でも仲間うちには理解できる

少し前に、英語で書かれた文章を読むことを勧めましたが、もちろん、英語で書かれた文章ならどれでもいいというわけではありません。英語で書かれた文章の中にも、説明が丁寧でないものはもちろんのこと、根拠の書かれていないものもたくさんあります（根拠を書かないのは、日本の文章の特性ではないのです）。たとえば、女性雑誌には、次のようなスタイル――事実がすっきり整理された順序で克明に紹介され、そのあと突然、結論が書かれるスタイル――が少なからず見かけられます。

彼女は〜だった。〜だった。〜だった。（と延々続き）
この背後には、女性を〜と見る社会の目があるのだ。

このタイプの文章は、言うまでもなく、同じような考えを持つ人々を読者として想定しています。それで、主張を支える根拠を書く必要がないのです。つまり、いわば、仲間うちの文章なのです。

もはやひとむかし前の本となりましたが、世界的なベストセラーとなったコレット・ダウリングの『シンデレラ・コンプレックス』は、このスタイルの文章で書かれていました（彼女は女性雑誌のライターだったはずで、それが彼女の文体をつくっているのでしょう）。

このタイプの文章は、フェミニストの文章にも、時おり見かけられます。とくに、怒りをぶちまけようという意図を持つ場合は、必ずこのタイプと言っていいように思います。

一つ、その例を次に引用します。――誤解を避けるために、引用の前に次の点を明確に記しておきます。

この文章は女性のフェミニストによって書かれたもので、ポルノグラフィーを批判するためのものです。基本的には女性の読者しか念頭に置いていません。これを読んだ男性の中にはおそらく「勘違《かんちが》いをしてニタニタ笑っただけで、この文章が書かれた目的をまったく理解しない人」もいるでしょうが、これは男性をニタニタ笑わせるために書かれたものではありません。そういう男性に思いきり嚙《か》みつこうとして書かれたものです——。

そして、その「嚙みつこう」としている感情が、根拠をきちんと書かねばならないと判断する理性を抑える結果を生んでいるのです（「論理」ではなく「感情の吐露《とろ》」で読者を説得しようという姿勢のフェミニストがまいますが、私はフェミニストとしてその態度を非常に悲しく思っています。感情の吐露は反感を生むだけなので、フェミニズムにとって有害だからです）。

アメリカの男性雑誌に女性性器が写った写真がはじめて載《の》ったのは、一九七〇年代に入ってからで、この文章はそのすぐあとに書かれたものです。

その写真には「ビーバー・ハンターズ」という表題がついている。ハンターの身なりをした男性が、黒いジープの座席に座っている。写真のほぼ全面をジープが占めている。二人の男はそれぞれライフルを持っている。（中略）黒いジープのボンネットの上に、白人女性が縛りつけられている。彼女は太いロープで、両手両足を広げた形で縛られている。彼女の恥毛と局所は、車のボンネットの、そして写真のどまん中にある。彼女は首のところにきつくロープをかけられ、頭は横向きになっている。ロープは首から手首へと伸び、手首に数回巻きつけられ、それからジープのミラーに結びつけられている。（中略）彼女は自己を全く持っていない。捕獲された動物たる彼女は、全裸で、縛られ、車の外のボンネットの上にさらけ出され、彼女の頭が横にねじられて縛りつけられているために、彼女の顔つきさえ識別できない。男たちと言えば、完全に落ち着いて自信に満ちた様子で座り、カメラに獲物を見せている。写真の女の静けさは、死の静けさに似ているし、この印象は説明文の中でほのめかされている剝製《はくせい》によって、より強められる。男は確固として存在し、男は奪う。女は人間として存在せず、女は奪われる。

A・ドウォーキン『ポルノグラフィ』（寺沢みづほ訳）

女性の読者の多くはこの文章が理解できるでしょう。が、男性にどれほど理解できるかは、私には怪しいと思います。男性の中には、この文章を読んで「この写真はどんなものだったのか見てみたいな」くらいに思うだけの人もいるでしょう。もちろん、そのようにしか思えないのはその人の責任ではありません。男性は女性とは異なる視点を持っているので、異なる視点を持つ者のための克明な説明がないかぎり、異なる視点からの主張を理解することはほとんど不可能だからです。**根拠なしの文章は、同じ視点を持つ者にしか理解できない場合、その責任は書き手にあります。根拠なしの文章が理解できない場合、その責任は書き手にあります。**

この文章では、ある写真についての非常に長い説明——なぜこれほど長く説明しなければならないのかと思えるほど長い説明——のあと、おまけのような主張が突然飛び出しています。おまけのような、かつ、大げさな印象をこの主張は持っています（主張の内容そのものは決して大げさなものではありませんが、主張の印象は大げさです）が、それはなぜかというと、長い説明が主張の直接の根拠になっていないからであり、「女は奪われる」の意味が不明瞭であるからです。

たった一枚の写真の説明をこれほど丁寧に行なうよりも、「女は奪われる」の意味の説明を丁寧に行なうべきであり、その主張と写真とをつなげる部分の説明を行なうべきです。この「つなげる部分」が何もないのでは、写真の説明をいくら詳細に行なっても結論を支えることはできません。

▼個人的な主張が自己中心的な主張になるか否かを決めるのは根拠の違い

個人的な主張と、自己中心的な主張の違いを生むのは、根拠の違いです。

自己中心的な主張は、正確には「自己中心的な『個人的な主張』」ですから、「個人的な主張と、自己中心的な主張の違いを生むのは、根拠の違いです」をより正確に書くと、「個人的な主張が自己中心的なものになるか否かを決めるのは根拠の違い」となります。

そして、簡単に書くと、「私にとってどうなのか」が問題の焦点ではないときに、「私にとってどうなのか」を根拠とすると、主張は自己中心的なものになります。

たとえば、ある雑誌に対しての投書で、「〜してほしい」と要望を送る場合のことを考えてみましょう。

この要望は当然ながら個人的な要望で、これは「貴誌は〜すべきだ」の形に書き換えても同じ意味です（ニュアンスはいくぶん異なりますが）。そして、この「貴誌は〜すべきだ」は個人的な主張で、その根拠は「〜である（と私は考える）から」となります――（と私は考える）の部分は書く必要はありません。

ここで問題となるのは〜の部分です。

「雑誌は読者のためのものであり、読者のより多くの割合の要求を満たすためのもの」とすると、～の部分は読者「群」の要求を述べるものでなければなりません。個人が読者「群」の要求を正確に知るのはまず不可能ですから、したがって、読者「群」のことを述べるのなら、根拠は臆測《おくそく》の根拠とならざるをえないでしょう。

そこで、臆測を根拠にすることを避けるためには、たとえば「どういう者にとってどうなのか」に関する主張を述べることが一つの方法として考えられます。

一方、読者「群」をまったく無視して、「私にとっては」に限定した根拠を述べると、主張は自己中心的なものになります。具体的には次のとおりです（これは私が最近見かけた例ですが、実際の例であろうとなかろうと、同じことです）。

「Ｗｉｎｄｏｗｓ特集で、アダルトトップ・テーマは彼女の前で使えないのでやめてください」

——これでは根拠が「私にとっては」でとまっているので、自己中心的な主張です。つまり、「私一人が嫌がるからそのことを貴誌は編集企画に反映させるべきだ」の内容になっています。

一方、「特集は万人向けのものを希望します。アダルトトップ・テーマはＷｉｎｄｏｗｓを彼女の前で使う者にとっては役に立ちません。Ｗｉｎｄｏｗｓをこそこそ

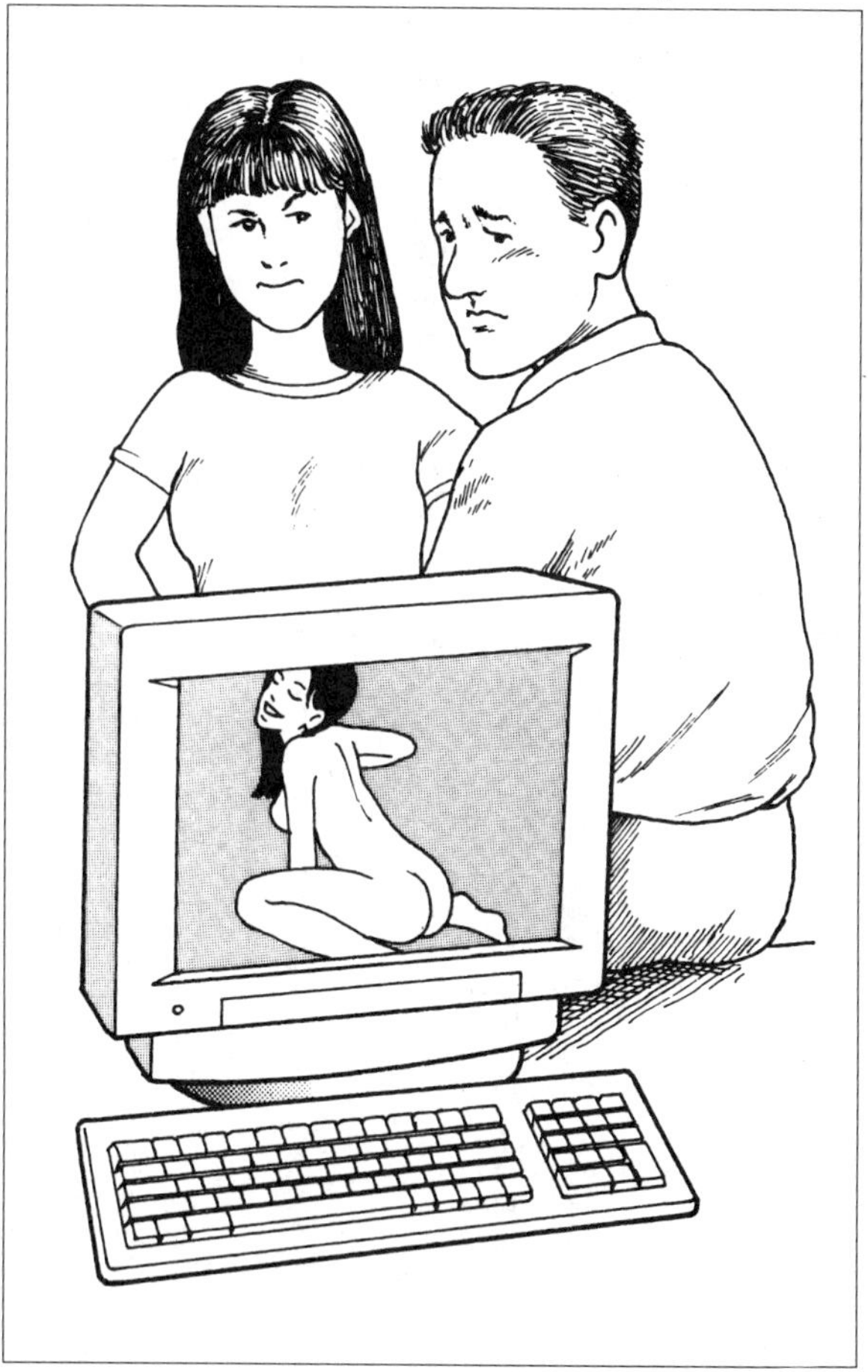

と使わないことを望む者が使える特集をしてください」――このように書けば――「こそこそと」はネガティヴな表現で暗示にかけようとしている意図があるように見えないこともありませんが、それは別として――自己中心的でない個人的な主張となります（「～を望む者」の表現は読者「群」を念頭に置いた表現になっています）。

ちなみに、この投書は「好みでない雑誌は買わなければよい」という点を考慮していない内容ですが、それはまた別の問題です。

▼事実を主張するだけの文章の欠陥

事実を主張しただけでは説得力を持ちません。事実を主張しただけ、とは、「Ａである。なぜなら『Ａである』は正しいから」の形の論を指します。この形では根拠部分が主張を支えていません。

モノクロ時代のＴＶ番組『Lost in Space』（邦題『宇宙家族ロビンソン』）のエピソードに次のようなものがあります。

物質転送器で、宇宙の惑星から地球のとある小さな町に転送されたウィルは、町の人に頼みました。「電話をかけてもいいですか？　アルファコントロールに連絡しなければいけないんです。ぼくは＊＊星から地球に転送されてきたんです」。町の人はウィルの言葉を信じませんでした。
　ウィルは「ぼくは＊＊星から地球に転送されてきたんです。ほんとです」と、真実を繰り返し述べ続けました。町の人はそれでも信じませんでした。

町の人を信じさせるために、ウィルは何を言えばよかったのでしょう？

　ウィルが言えばよかったのは、主張の正しさを支えるに足る証拠です。村の人に「正しい」と思わせるのに必要な量の情報です。
論理的に何かを書こうとする場合、書く必要があるのは、これと基本的には同じです。主張を支える根拠――それを詳しく述べなければなりません。

▼「事実を見よ」タイプの文章の欠陥

「事実を見よ」タイプの文章の欠陥は、「事実の主張だけ」の欠陥に非常によく似ています。ここで言う「事実を見よ」タイプの文章とは、「事実はAである。したがってBせねばならない」の形をとる文章です。ここでは「AゆえにB――これをとにかく信用せよ」の主張が行なわれています。

このタイプの欠陥は、AとBの間に非常に大きな隔たりがある点です。したがって、「事実はAである。したがってBせねばならない」と、同じように考えている人がその意見に同意できるだけで、そうでない人にはその意見はなんら説得力を持ちません。

単純な例を七つ挙げてみましょう。

「コマドリの数が減少している。したがって、コマドリの減少をとめねばならない」

「コマドリの数が増加している。したがって、コマドリの増加をとめねばならない」

「物価が上昇している。したがって、物価の上昇をとめねばならない」

「物価が下降している。したがって、物価の下降をとめねばならない」

「性犯罪が増加している。したがって、夜間の外出に規制が加えられるべきだ」

「性犯罪が増加している。したがって、女性の挑発的な服装に規制が加えられるべきだ」
「性犯罪が増加している。したがって、ポルノの出版には規制が加えられるべきだ」

あなたはこれらのあるものには賛成し、あるものには反対するでしょう。また、どれに賛成するかは人それぞれでしょう。これらの主張と根拠の間には隠れた前提があり、それぞれに賛成するか否かは、その隠れている前提と読み手が持っている考え方が一致するか否かにかかっているのです。

「議論で論理的な発言ができなくて強弁を使う人」は、このタイプの発言をします。強弁家のみならず、このタイプの文章は、日常生活中に非常に多く見かけられます。強弁家がそう言うのは、そう言うだけしか能力がないからですが、日常生活で使われる場合は、そうすれば文章が短くてすみ、労力が節約できるからです。

不要な労力――何を不要な労力と見るかは難しい問題ですが――を省くという面から判断するなら、ある事柄の真偽《しんぎ》が問題になっていない場合には、このタイプの文章を書いてもかまわないでしょう。が、焦点となっている事柄にこのタイプの文章を使ってはいけません。

というのは、焦点となっている事柄に関しては、反対の意見の人に対して説得力を持たせるために、何を不要な労力と見るかの判断が大きく異なることになるからです。つまり、基本的には「不要な労力」というものはありえなくなるからです。

さて、以上で「主張（結論）と根拠について」の主題を終え、次項で、実際に表現する上での重要点をつけ加えておきましょう。

かなりの駆け足でしたが、実は、私の知るかぎりでは、主張と根拠について、これほどのページ数を費やした本は他にはないのです（私が知らないだけかもしれませんが、もしもそうなら、笑ってください）。

本書は何かを論ずる本ではなく、基本的には知識を伝える本ですが、「詳しく書く」ということを、こういう形である程度実践できたことを私はよろこばしく思います。これがあなたの「論ずる姿勢」によい影響を及ぼすことを私は期待しています。

——と、個人的な思いを述べるのはここまでとして、次項に移ります。

主張や根拠を表現する上での重要点——感情的になるな

「感情的になるな」——これは広い意味を持ちます。「情緒に訴える書き方をするな」とか、「文学気分に走った書き方をするな」とか、「熱く語るな」などなど、いろいろに分けられます。「感情的になるな」が何を意味するかについて、これらを細かく見る必要はないでしょう。ここでは、ただ、次の二点だけ述べておきます。

▼つねにクールに

「熱っぽく語ることが説得力を生む」と考えている人がいます。でも、それは誤解です。そのような書き方では、もともと同じ考えの者の同意を得るだけで、異なる考えの者の同意は得られません。そのことは、次の例を見ればよくわかることでしょう。

成績をつけ、奨学金や大学院へのドアを開け、専門知識と訓練を与える権力を持つ男たちから誘惑の言動をとられることで、たいていの若い女性は、屈辱《くつじょく》と自分の知性への疑いが深くいりまじった気持ちを経験する。たとえ誘惑をしりぞけたにしても、このような男の誘惑の言動は精神的レイプであり、女性の自我にとって破壊的だ。

A・リッチ『嘘と秘密と沈黙について』（小野田訳）

この文章には大きな欠点があります。それは「大げささ」を目指している点です（リッチは、同書の中で、彼女自身の書き方の基本姿勢がそうであることを明言してもいます）。この書き方では、異なる意見の人々の賛同を決して得られません――著者の意見に賛成か否かを考える前に、読み手は拒否感を感じてしまうからです（私はこの文章で著者が「男の大学教授は女子学生に誘惑の言動をとってはならない」と言いたいことはわかりますし、それに賛成でもありますが、それでもなおかつ、この文章は「ばかなことを書いているだけの文章」にしか見えません。感情的な文章は、読み手にそういう反応を起こさせるものなのです）。

文章の語句を多少見てゆきますと――学業以外のことが理由で「知性への疑い」を持つのはばかな人だけでしょうし、「精神的レイプ」は安易で拙《つたな》い使い方です。重罪であるレイプの語を利用して、表現に重さを加えようとしているのでしょうが、筆者が感情的になっていることを示しているだけです。「自我にとって破壊的」は大げさすぎてばかばかしさを出しているだけです。

この調子の文章を読んだときはたいてい、読み手は文章に書かれている内容を考える前に、書き手に対する軽蔑《けいべつ》の思いを持つことになるでしょう。このような文章を書くのは避けるべきなのです——書いても、書き手にとって損なだけなのです。

※この例の教訓——正しいことを書いても、感情的に書いたら「ぶち壊し」。

▼文学的気分に走った、意味不明の文を書くな。気分で語を選ぶな

日本では学校教育で情緒的に書く訓練が十分なされているので、日本人は「文学的気分に走った、意味不明の文を書かないこと」には十分注意が必要です。

文学的気分に走ると、次のような文章を書くことになります。これは極端な例ですが、程度の差はあれ、だいたいは似たようなものになるとも言えるでしょう。

パリから届くファッション写真は、ゴージャスなドレスを着くずす危うさを演出し、不条理に見える状況設定を行ないながら、そこから大人の女のセクシーな魅力を紡《つむ》ぎ出すといった手法をとることが多い。

これはまったく意味不明の文です。パリから誰に届くのでしょう？　着くずす危うさとは何でしょう？　写真が演出することはありませんし、写真が状況設定を行なうこともありませんし、写真がある種の手法をとることもありません。不条理とは理に合わないばかばかしさのことですから、ファッション写真（？）の状況設定が不条理というのは、具体的にはどんなばかばかしい設定のことを指しているのか、それも明確ではありません。

これは何かを論じた文ではありませんが、このような書き方では何かを論じられないことは十分わかる例であるはずです。

コラム――日本人の主張性

日本は国際的に主張性の低い国です。主張性は少なくともアメリカとはかなり大きく異なります。

アメリカでは、人によって意見が異なるのが当たり前で、社会はさまざまな意見の主張の上に成立しています。アメリカでは、自分の意見の肝心な部分を述べるときに「～ではないでしょうか」などと書いたら、絶対に「見えない人間」になります。

日本はそれとはまったく異なる社会です。意見の相違は、人の感情の対立とほとんど同義で、それを避けようとする社会なのです。

それは、意見と人が分離できていないことが最大の原因でしょう。

日本では、意見への批判は人への批判と受け取られることがあるのです。つまり、「この意見は論理的ではない」と述べると、その意見を書いた人の少なくとも数割くらいは「あなたは論理的な人ではない」と言われたと誤解するのです。それで、そういう誤解を与えることをおそれて、日本人は主張を避けるのです（あるいは、主張を避ける人は、その人自身が「この意見は論理的ではない」と「この人は論理的ではない」は同じと考えているのかもしれません）。

コラム——私自身のこと

（以下は、私自身のことを書いているようですが、実は主張の違いを述べることが目的です）

私の主張性はチェスから来ているのだろうと、私は考えています。

チェスの場合、「手」への批判は公然と行なわれます。「この手は弱い手」と書いてもまったく差し支えありません（さらに、「差し支えないだろうか？」などと考える必要すらありません）。それは、手への批判であり、相手への批判ではないからです。——「この手は弱い手」と「あなたは弱い人」の違いがわかりますか？

私はさまざまな国の人が書いたチェスの本や雑誌を、英語で数百冊読みました。それらの本が（もちろん、それらの本だけではありませんが）私に大きな影響を与えています。私はＩＣＣＦ（国際通信チェス連盟）の国際トーナメントに出場することを日々の楽しみとしている人間です。私の主張は基本的にはチェスの主張と同じです。

私の「論理への批判」は単純に「論理への批判」であり、「その論理を使う人」への批判ではないことが、あなたには理解できますか？

4章　論理的に構成する

文章を構成する

文章を書く上で、構成の概念を持つことは大切です。構成しようという意志を持つのです。「構成の概念を持つことはいいことだ」と思っているだけではだめです。「構成の概念を持つ」とは、ポジティヴな強い響きを持つ表現なので、「確かにそのとおりだ」と多くの人は思い、これに反対する人はあまりいないでしょう。ですから、単にこれだけ書いて「なぜ構成の概念を持つ必要があるか」を書かずに終えてもよいかもしれません。でも、日本では、あまりに多くの文章が、構成の概念なしに書かれています（たとえば、日本の新聞のコラムは構成の概念なしの文章がほとんどです）。ですから、「なぜ必要かは省略できない」と私は考えます。

▼「案内」を置くと理解しやすい文章になる

「なぜ構成の概念が必要か」――これを伝えるためには次のたとえ話が有効でしょう。

あなたは観光客です――まず、そう思い込んでください。さて、そこで、次の二つ

の状況例の比較をしてみてほしいのです。

状況A　あなたは観光客の一人として、ガイドにともなわれて、いろいろな部屋をめぐっています。最後の部屋のあと、あなたたちは建物から外に出ます（あなたは建物の中にいたことすら知りませんでした）。そこでガイドが言います。「以上がシンデレラ城の部屋部屋でした」。

状況B　あなたはやはり観光客の一人で、あなたたちの前にはガイドがいます。目の前には城があります。そして、ガイドが言います。「いまからシンデレラ城の部屋部屋を見てゆきます」。そしてあなたたちは城に入ります。

あなたにとってはどちらのガイドが望ましいですか？

私にはBのほうです。あなたにとってもたぶんそうでしょう。Aのガイドでは、もう一度最初の部屋から見学しなおさなければならなくなってしまいますから。

いまから何を見る（読む）のかを示す部分――この部分を、いま、仮に「案内」と呼ぶことにしましょう――が冒頭にあると、全体の理解は非常に楽になります。つまり、文章はわかりやすくなるのです。冒頭には「案内」があるほうがよいのです。＊

［＊あなたが英文にいくぶん詳しい人なら、ここであなたは「ハハーン、著者はここで、トピック・センテンスとsignpost（道しるべ）のことを一つの語で表現しようとしているな」くらいに思うことでしょう。確かにこれまでのところは、そのとおりです。でも、実は、ただそれだけではありません。「案内」についていろいろ説明をしたあと、英語の文章作法については書きますので、いまのところはただ、私が一語一語の逐語訳《ちくごやく》主義ではない、とだけ理解しておいてください。英語のことを後まわしにするのは、日本語の文脈の中で説明せずに英語のことから書くと、かえって話が膨大《ぼうだい》になるからです］

さて、ようやく構成に話が戻ります。

「案内を置くべきか否か」「案内をどこに置くか」――こういった考慮を生むのが構成の概念なのです。**構成の概念を持つとは、「何をどこに置くと文章はより理解しやすいものになるか、という判断そのものを持つ」ということなのです。**

★古い小説の例

小説の話をすると、いくぶん脱線に思えるかもしれませんが、古い小説には、英語圏のものにかぎらず、「論ずる」という観点から見て参考になるものが多くあります。その小説が何を扱ったものかを冒頭に示す作品が多いからです。たとえば、マルキ・ド・サドの『エミリー・ド・トゥールヴィル、あるいは兄の残酷』は、次のような書き出しで物語がはじまります。

だまされた弱い娘と、一家の名誉を取り戻すためにこの不幸な娘の迫害者となる家族の一員とは、理性の眼から見て、いったいどちらの罪が重いのであろうか？　以下、読者にごらんいただこうとしている事件が、この

疑問に答えを与える助けとなれば幸いである。

（小野田訳）

これはまったく論ずる文のスタイルです。この書き方は、論理的に書くという立場から見て、非常に輝いて見える書き方です。何かを論じようというときですらこれほど明快に表現できる人は、少なくとも日本にはそうざらにはいません。

▼理解しやすい文章を書く

「理解しやすい文章を書く」――これもやはりポジティヴな表現で、非常によい印象を与える表現です。ですから、これにも多くの人はその根拠なしでも賛成することでしょう。でもやはり、日本では、理解しやすい文章には――何かを論じている文章では――あまり触れることはありません。

★わかりやすい構成を目指そう

何かを論じている文章の場合、論理的でない文章は、論理の構成がないために例外なく読んでいて疲れるものです（論理的な文章でも、扱っている内容そのものが難解な場合はもちろん疲れますが、それは別の話）。したがって、何かを論じようという場合――これはもちろん投書のような軽い文章も含みます――論理的な文章を書くためには、読んで疲れない文章を書くことを目指すべきなのです。

【付記】

論理的でない文章は例外なく、読んで疲れる。ゆえに、読んで疲れない文章は論理的な文章である――これが論理的に正しいことがわかりますか？

読んで疲れないとは、容易に内容が理解できることを意味します。これは用語の平易さ・難解さの話ではありません。つまり、「用語の意味が容易に理解できる」の意味ではありません。**構成は絶対にわかりやすくなければなりません。**読み手に余計な負担をかけないよう、「論理」とは関係のなさそうなところまで、可能なかぎりの配慮をはらいましょう。そうすればあなたの文章は、あなたが気づかないうちに非常に論理的なものになります。

もちろん、ここで言うわかりやすさとは、論理的な人にとってのわかりやすさです。あなたが論理的な人なら――本書に関心があるのなら、きっとあなたは論理的な人でしょう——ただ「わかりやすい文章を書こう」とするだけで、あなたの文章は論理的になるでしょう。

もしもあなたが論理的な人ではないのなら、あなたはわかりやすい文章を書こうとする前に、論理的な人になることを目指してください（数学の簡単な証明問題の答えをたくさん「読む」のが、論理的になるためのてっとり早い方法でしょう）。

★はっきり書く

わかりやすい文章を書くためのキーは「はっきり書く」ことです。

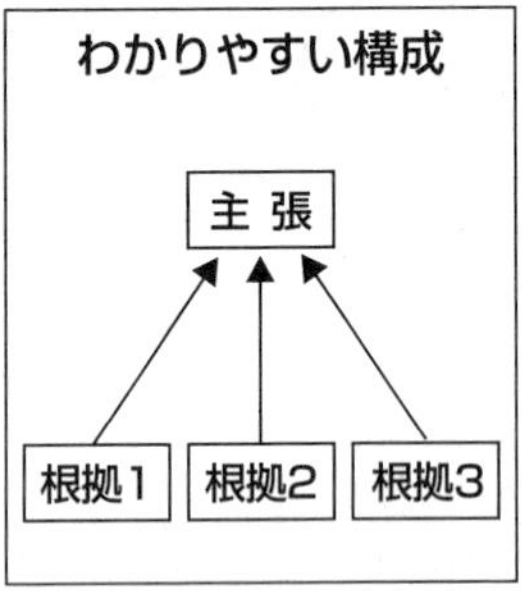

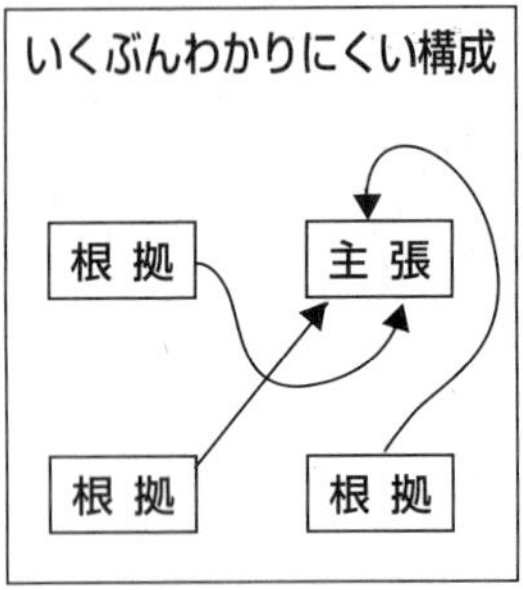

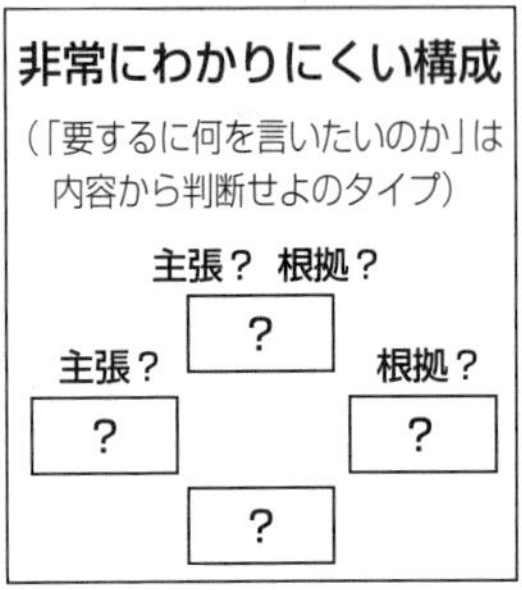

これは、主張では、「主張を明言する」ことを示し、根拠では、「それが根拠であることをはっきり書く」ことを意味し、文章の冒頭では、「これから何を述べようとしているかをはっきり書く」ことを意味します。

ある文章を読んで、読み手にこれらがわからないなら、それは読み手の読解力がないからではなく、書き手に論理的に書く能力や知識がないのです。

構成の場合はもちろん、「どんな構成か、はっきりわかるように書く」ことを意味します。

はっきりわかる構成を前ページに模式図で示しました（これらの図で、矢印は文章中では「なぜなら」「したがって」などの表現にあたります）。

▼「案内」とは、文章の全体図を見せるもの

「案内」と仮に表現しましたが、これは冒頭に案内を置くことのみを意味するものではありません。何が結論であるかを形式の上から示すこと、何が根拠であるのかを形式の上から示すこと、これらも案内です。こういったことに配慮することも「構成の概念を持つこと」と言うとき、その意味の中に含まれている、と考えてください。

案内
主張
正しい根拠

案内は文章の冒頭に置くだけではありません。要するに何かを段落の頭に置く——これも案内です。段落ごとに、その段落で何を言いたいのかを一つの文で表現している文が、その段落の頭にある形式をとると、その文章は非常に理解しやすいものになります。

「案内する」とは、**「全体図を見せることをつねに意識し、実践した文章を書く」**ということなのです。

日本の文章にわかりにくいものが多いとはいえ、講演をする人の多くは、案内の重要性を知っています。講演者はよく次のように話します。

「私がいまから述べようとしていることは三つあります。一つは……」

この表現はまぎれもなく、話の全体図を示す案内です。

★童話の例

これまた脱線に思えるかもしれませんが、英語圏の童話には、やはり案内がふんだんに書かれています（私は英語圏以外の童話をほとんど知らないので、それ以外の童話のことに関して何も言うつもりはありません)。「論ずる基本姿勢は、英語圏の童話をたくさん読むことでも養われる」と私は考えています(これは真剣な話です)。ばかげた主張に思えるかもしれませんが、手軽に読める英文で論理的な姿勢を養いたいのなら、童話(できればいくぶん古いもの)がうってつけです。

一つ、ケネス・グレアムの例を挙げましょう。

> でも、やがて、少年が恐れていたことが現実のものとなる日がやってきた。どんなに謙虚でひっそりと余生を送っていたところで、馬車馬四頭分の大きさで体じゅうに青いウロコがあるなら、ドラゴンを大衆の目から隠しとおすのは無理なことなのだ。
>
> ケネス・グレアム『ものぐさドラゴン』(小野田訳)

作者は、どんな日のことを書こうとしているかを、その日のことを書きはじめる冒頭に書いています。気がつきましたか?

二つ目の文は、原文が現在形で、普遍的な真理を述べる文の形をとって、なぜその日がやってこなければならなかったのかの理由としています。

冒頭に「案内」があります。また、後ろに理由がそえられている点にも注目してください。

論理的であることをアピールする

「論理的に書く」とは、あなたが論理的であることを見せることです。**内容のみならず、文章の外見を論理的にしなければなりません。**外見で論理性を強くアピールするのです。「内容を読めば私が論理的であることはわかるはず」だけでは、論理的な文章としては十分ではありません。

★「外見による論理性のアピール」がない文章の例①

ここで、外見による論理性のアピールがない文章を一つ見てみましょう。

次の文章は、モンテーニュの『エセー』の文章で、これは「私（モンテーニュ）の品行や情欲」について書いてある段落に続いて、突然アリスティッポスに話が移っている部分です。この文章の直前にはアリスティッポスのことは何も書かれていません。そのことは頭に置いておいてください。
この文章はわかりにくい文章なのですが、それはいったいなぜなのかを考えてみてください。

アリスティッポスは快楽と富に都合のよい、あまりにも大胆な説を樹《た》てたためにあらゆる哲学者の非難を招いた。けれども彼の品行はどうかというと、僭主《せんしゅ》ディオニュシオスから三人の美女を示されて、どれでも好きなのを選べと言われて、「私は三人全部が欲しゅうございます。あのパリスは三人の中から一人だけを選んだためにまずいことになりましたから」と答えたが、三人を自分の家に連れてきたあとで、一指も触れずに送り返した。（略）
エピクロスも、不敬で惰弱《だじゃく》な学説を説いたが、実生活はきわめて敬虔《けいけん》で勤勉だった。彼は……（以下略）

（原二郎訳、筑摩世界文学大系）

この文章がわかりにくいのは、これから何を書こうとしているのかが冒頭で述べられていないからです。つまり、冒頭の案内がないからです。

案内がないゆえに、この文章は思いをただ書き連ねただけの印象を与えることになっています。おそらく、実際、思いを書き連ねただけなのでしょう。

ちなみに、構成の概念なく思いを書き連ねることを、英語ではdrift（漂《ただよ》う）と言い、文章を書く上で——論理的に書こうとしているときであろうとなかろうと——してはならないことと教えられています。

さて、この例文に話を戻しまして——案内を置けば文章の論理性は——少なくとも、論理性の印象は——飛躍的に強まります。それを実際に、書き換え例で示しましょう。たとえば、次のように書けばよいのです。

【書き換え例】

大胆な思想の人でも、行動には抑制や規律があるものだ。たとえば、アリスティッポスの例を見てみよう——彼は肉体的快楽を精神的快楽よりも重視し、多くの哲学者から非難された人である。あるとき彼は僭主ディオニュシオスから三人の美女を示されて、どれでも好きなのを選べと言われたことがあり、彼は快楽主義者らしく「私は三人全部が欲しゅうございます。あのパリスは三人の中から一人だけを選んだためにまずいことになりましたから」と答えた。ところが三人を自分の家に連れていったあと、彼女らに触れることもなく送り返したのだった。また、エピクロスは～(以下略)。

もちろん、これほど書き換えなくとも、つまり、単にもとの文章の冒頭に「大胆な思想の人でも、行動には抑制や規律があるものだ」を置くだけでも文章はずいぶんわかりやすくなり、論理性の印象は大違いとなります。もとの文章の冒頭に「大胆な思想の人でも、行動には抑制や規律があるものだ」を置いて読んでみてください。

★「外見による論理性のアピール」がない文章の例②

もう一つ例を挙げましょう。次の文章もわかりにくい文章です。なぜわかりにくいのかを考えてみてください。

それゆえ、快楽が(人生の)目的であるとわれわれが言う場合、その快楽とは、一部の人たちが(われわれの説に)無知であったり、またこれに同意しなかったり、あるいは誤解したりして考えているように、放蕩者《ほうとうもの》たちの快楽や、（性的な）享楽《きょうらく》のなかにある快楽のことではなくて、身体に苦痛のないことと、魂《たましい》に動揺がないことに他ならないのである。

エピクロス『メノイケウスへの手紙』（加来彰俊訳、岩波文庫『ギリシア哲学者列伝』所収）

この文章がわかりにくいのは、やはり「案内」がないからです。何を言いたいのかの重要部分をまず先に述べていないからです。

わかりやすく書き換えると、たとえば次のようになります。

【書き換え例】

それゆえ、快楽が人生の目的であるとわれわれが言う場合、その快楽とは、身体に苦痛のないことと、魂に動揺がないこととに他ならない。一部の人たちは、その快楽とは、放蕩者たちの快楽や、性的な享楽のなかにある快楽のことと考えているが、それはわれわれの説に無知であったり、またこれに同意しなかったり、あるいは誤解したりしているのである。

★よい文章の例

一世紀の哲学者にセネカという人がいます。この人はラテン文学白銀時代の代表的な著述家の一人で、文章は非常にわかりやすい構成をとっています。一つ例を挙げましょう。

この例は非常に短い文章ながら、論理的な文章の要素をふんだんに（と書くとちょっと大げさですが）そなえています。

この文章は「論理的な文章の規範」と言えるでしょう。

人生は三つの時に分けられる。過去の時と、現在の時と、将来の時である。このうち、われわれが現在過ごしつつある時は短く、将来過ごすであろう時は不確かであるが、過去に過ごした時は確かである。なぜならば、過去は運命がすでにその特権を失っている時であり、またなんぴとの力でも呼び戻されない時だからである。

セネカ『人生の短さについて』（茂手木元蔵訳、岩波文庫）

この文章は「論ずる文」として美しい文です。その理由は、以下のとおりです。

● 人生についての文章なので、第一文の主語を「人生」にしています（あなたには、これはどうということのないことに思えるかもしれませんが、非常に大事なことです）。

● 「三つに分けられる」と述べて、以下、その三つのことを書くことを示していま す。

● 「なぜならば」と、最後に理由も述べています。

▼冒頭の文と、その主語は大事

繰り返しますが、実際、冒頭は大事です。文章の冒頭の段落、各段落の頭の文、とりわけ文章の最初の一文、これらはみな非常に大事です（でも、もちろん、それ以外の部分がなおざりでよいという意味ではありません）。

文章の冒頭の文に関しては、文そのものが文章全体の方向性を示すために大事というだけでなく、その主語を何にするかも大事なのです。

というのは、**「これから何が論じられるのか」を読み手は冒頭の文章の主語でまず判断する**からです。テーマとは関係のないものを主語にすると、文章全体に混乱した印象が加わります。「思いつくままに書き連ねただけ」の印象も加わり、その文章は構成意識に欠ける文章であると見なされることになります。
このことを、実際の例で確認してみましょう。まず、一三八ページのセネカの文章をもう一度見てください。そして、そのあと、次の文章を「強い構成意識」を持ってながめてください。

人間の最大の卑《いや》しさは、名誉の追求にある。だが、それがまさに人間の優秀さの最大のしるしである。なぜなら、たとえどんな所有物を持ち、どんなに健康と快適な生活とに恵まれていようと、他の人々に高く評価されているのでなければ、人は満足しないからである。理性に高い価値を置いているので、人は、どんなに高い地位を占めていたとしても、それと同時に理性的に高い地位を占めているのでなければ幸せではない。これこそが世の中で最も素晴らしい地位であり、何物も人をこの欲望からそむかせることはできない。そして、それが、人間のもっとも消えることのない性質である。

パスカル『パンセ』（小野田訳）

この文章の大きな欠点は、この文章が「卑しさ」を論ずるためのものではないのに、冒頭の文の主語を「卑しさ」にしている点です。

この文章の第一文は、文章全体の要約になっていません。そればかりではなく、以下で「卑しさ」は論じられていません。そして、そのことが、この文章に「論点の混乱した文章」の印象を与えているのです。

この文章の場合、冒頭の文は、以下で書こうとしているのは「要するに何か」「一言で言うと何か」にするだけで、すっきりしたわかりやすい「論理的な文章」になります。つまり、最初の一文を単に次のようにすればよいのです。

「名誉の追求は、人間の優秀さの最大のしるしである」

そして以下、「なぜなら……」と続ければよいのです。

★同じ観点で日本の文章を見る

同じ観点から日本の文章を見てみましょう。日本の文章には、その書き手が論理性を意識していないため、これから何を書こうとしているか、読み手がわかりにくいものがたくさんあります。途中で明かされるわけでもなく、最後にようやく、しかも突然明かされるのです（もちろん、明かされずじまいのものもあります。つまり、主張なしの文章のことです）。

この形式が論理的でないことは、もはやあなたには歴然でしょう。

「なにげない話で文章を書きはじめ、徐々に本論に入ってゆき……」の形式をとる人は多く、文章の書き方の本を書いている人の中にすら、この形式を勧める人がいます。あなたはこのタイプの文章に数多く接しているので、おそらくその影響下にあることでしょう。

ですから、文章を書くたびに「その形式では論理的な文章にはなりえない」と強く意識していなければ、無意識のうちに、要するに何を言いたいのかとはまったく離れたところから文章をはじめる間違い——論理的な間違い——を犯すことになるでしょう。論理的に書くとはどういうことか、つねに思い出しながら文章を書いてください。

さて、日本の文章について、もう少し詳しく考えてみましょう。

▼日本語の文構造の影響

構成意識に欠けていると、日本語の文構造が、文章の構成に影響を及ぼします。

大事なこと、もっとも言いたいことが後まわしになるのです。このことを十分意識し、日本語の文構造の影響を受けないように注意しなければなりません。

さて、このことを具体的に説明しましょう。

日本語では、以下のAやBのような文章が自然な文章で、Ⓐやでは不自然です。これは日本語が、肝心な部分を最後に述べる言語構造をしているからです。

A 交通の便はいくぶん悪いが、＊＊湖は景色の美しいところだ。

B すぐに毛先がはねて使えなくなる欠点はあるが、歯ブラシは優れた道具だ。

Ⓐ ＊＊湖は景色の美しいところだ、交通の便はいくぶん悪いが。

Ⓑ 歯ブラシは優れた道具だ。すぐに毛先がはねて使えなくなる欠点はあるが。

そして、この感性が――AやBを自然と感じる感性が――文章構成に影響を及ぼします。つまり、次のような構成の文章を無意識のうちにつくってしまうのです。

A［第一段落］＊＊湖は交通の便がいくぶん悪いところだ。（以下、どのように悪いのかの具体的な説明が続く）
［第二段落］だが、＊＊湖は景色の美しいところだ。（以下、どう美しいのかの説明が続く）

B［第一段落］歯ブラシはすぐに毛先がはねて使えなくなる。毛先がはねると、歯がしっかり磨けない。だから、せっかく歯を磨いても、虫歯をつくることになってしまう。つまり虫歯の予防効果を持てなくなってしまうのだ、などなど。
［第二段落］とはいうものの、歯ブラシは優れた道具だ。

Aでは何をもっとも言いたいのでしょう？「＊＊湖は景色の美しいところだ」です。これは第二段落にあります。そして、第一段落には何が書かれているのでしょう？　書かれているのは、＊＊湖の欠点とも言うべき内容です。交通の便の悪いことは、主張を支えているわけではありません。

第一段落は、主張と地名の共通点があるだけで、主張でもなく、根拠でもありません。構成意識がないと、このように関係のない事柄から書きはじめる結果を生むことになります。

Bでは何をもっとも言いたいのでしょう？ 「歯ブラシは優れた道具だ」です。これは第二段落にあります。そして、第一段落には何が書かれているのでしょう？ 歯ブラシの欠点です。これは歯ブラシが優れた道具であるという主張を支えていますか？ いいえ、支えていません。そして、単にそれだけでなく、さらに悪いことに、否定する側からの記述になっているのです。

構成意識がないと、このように、肯定したいのに否定の側からまず書きはじめる結果をも生んでしまうのです。

交通の便の悪いことや、毛先がすぐにはねてしまう欠点などは、文章の中心となる部分ではありません。こういったことから書きはじめるのは、主張をあいまいにするだけですから、避けねばなりません。

本論とたいして関係のないことを書かないこと、と意味はだいたい同じなのですが、次の点にも注意は必要です。

▼「思い」をあれこれ詰め込まない

思いをあれこれ詰め込んだ文章を「深遠」と尊ぶ人がいて、それはそれでその人の自由なのですが、「論理的に書く」つもりなら、その書き方は避けなければなりません。思いをあれこれ詰め込むと、主張が何か、根拠が何かがわかりにくくなるだけでなく、余分なものがまぎれこんでいる印象を読み手に与えることになり、構成意識に欠けた文章と見えるようになるからです。

たとえば、次の例がそれにあたります。なお、キルケゴールは多くの人が知っているでしょうが、十九世紀前半の思想家です。

(さきほど伝説を語る際に)わたしはあえて水の精に対して少し変更を加えた、しかしじつは、わたしはアグネーテにも少しばかり変更を加えたのである。というのは、この伝説では、アグネーテがまったく責めをもたぬわけではないからである、一般的にいって、少女がまったくなんら、なんらの責めをもたないといったような誘惑を考えるということは、ナンセンスであり、女性にたいする媚《こ》びであり、侮辱《ぶじょく》である。伝説のアグネーテは、少し現代的に表現すれば、インテレサントなものを要求する女なのである、そういう女なら誰でも、水の精が身近にいるということを、信じてまちがいない、つまり、そういう女なら水の精は、片目ででもこれを発見する、そしてちょうど鮫《さめ》が獲物を追うように、彼女めがけて突進するのである。それだから、いわゆる教養が少女を誘惑から守る、などと考えるのは、愚かなことであり、あるいは、水の精がまき散らした噂《うわさ》でしかあるまい。

キルケゴール『おそれとおののき』

（桝田啓三郎訳、河出書房新社『世界の大思想24』）

この文章は、変更を加えた理由を書くための段落なので、変更を加えた理由だけを書くべきです。最後の「教養が云々」とか「噂云々」は変更理由とは何も関係ありません。「一般的に～媚びであり、侮辱である」も余分です。

「一般論ではA、ゆえに、この場合もA」とは言えないので、一般論をまず書くのは形式的にも間違っています。一般論をもしも書きたいのなら、肝心なことを述べたあとにまわさなければなりません。

さて、この文章を多少わかりやすく書き換えてみましょう。キルケゴール自身が変更理由を明確に書いていないので、わかりやすく書き換えようとしても論理的に限界がありますが、それでもあえて書き換えてみましょう。

すると、たとえば、次のようになります――こう書き換えてみると、キルケゴールが「何を述べていないか」も明確にはなります。

【書き換え例】

（さきほど伝説を語る際に）わたしはあえて水の精に対して少し変更を加えた。しかしじつは、わたしはアグネーテにも少しばかり変更を加えたのである。というのは、私はアグネーテにも責任があると考えるので、その責任の所在が明確となるように話を変更したのである。アグネーテはインテレサントなものを要求する女なので水の精がそれを察知して寄ってくるのは当然のことだ。それでなぜ彼女に責任があることになるかというと、アグネーテにかぎらず、どんな女性の場合でも、女性が誘惑された場合、女性にも責任があるのと同じ理由である。というのは、私（キルケゴール）が見るところ、女性が誘惑されるのは、女性が誘惑されることを要求しているからである。誘惑されることを要求している場合に誘惑されるのは当然の成行きで、誘惑されることを要求したら、誘惑されそうなときにたとえそれを拒んでも、誘惑されたらその責任は女性にもあるのだ（なぜそう言えるのか、理由は書かない）。

キルケゴールの主張は以上です。こう書くほうが、まあ、少しはましで、何を述べたいのかは、ある程度はっきりします（この文は冗長《じょうちょう》な文になっていますが、それはキルケゴールが責任の所在に関する肝心な理由を述べていないからです。それが述べられていれば、もちろんもっとコンパクトな文章で書き表わせます）。

なお、彼の主張は、私にはまったく同意できるものではありませんが、それはまた別の話です。

英語の文章作法についての説明

さて、少し前にお約束しました、英語の文章作法の話をこれからいたします。読者の中には、このページが待ち遠しかった人も多いかもしれません。

このように後まわしにしたわけは、これらの内容は「まず、日本語の文脈の中で語るべき」との思いを私が持っていたからです。

本書は、日本語の文章と英語の文章の違いを述べるものではなく、あくまでも国際的な（と私が信じる）論理的な書き方を伝えるものです。その意図が、英語の説明から入ったのでは、誤解されるおそれがあると考えたからなのです。

▼三つの要素

論理的な文章を書く上で必要な要素としてよく挙げられているのは、次の三つです。

- **Supporting details**
- **Coherence**
- **Unity**

● Supporting details——「主張を支える詳しい根拠」を意味します。

これについては、本書では「根拠を書くこと」「根拠を詳しく書くこと」などの表現で書きました。

なお、supporting detailsについて、アメリカの本では細かくは、主張を十分支えるものであれ（これも書きました）、具体的であれ、明確であれ（あいまいであるな、の意）などと、よく述べられています。

● Coherence（コウヒランス。ヒにアクセント）――「論理的な連結」を意味し、「構成に秩序があること」と言い換えられます。

簡単に言うと、「Aである。Bである」式ではだめ、の意です。詳しく述べると、この意味は、「論理的に組み立てられていること」「述べている主張や根拠（やその下位の根拠）の各考えが、単に羅列《られつ》されているだけではなくて、相互間の関係がはっきり示されていること」などを指します。

これについては本書では、いろいろ分割して述べました――「主張を主張として書くこと」「根拠を根拠として書くこと」「構成の意識を持つこと」「接続詞などをふんだんに使うこと」「案内」などで述べた内容が、これにあたります。

ちなみに、本書のあとで「英語の本で書き方を扱った本」を読みたい人のために若干補足しておきますと、論理的な組み立てのことは一語でorganizationと表現されることがあります（もちろん、logical organizationとも言い、これらは同じ意味です）。

また、本書で「接続詞など」と表現した内容は、英語ではtransitionsと言います。ふつうの英和辞典には、文法用語としてのこの意味はおそらく載《の》っていないだろうと思いますが、これは「さらに」「一方」「しかしながら」「概して」「要するに」「たとえば」など、文と文の相互の関係を示す語やフレーズを指します。

● Unity（ユーナティー）——簡単に言うと、「余分なことを書かないこと」を意味します。主張以外のすべてが主張を支えるものであれ、の意です。

たいして関係のない考え（irrelevant ideas——irrelevanciesとも言います）は削除せよ、とよく述べられています。「思いをあれこれ詰め込まないこと」や「冒頭の主語は大事」と述べた部分はここ——unityの範疇《はんちゅう》にあたります。またこれは、日本調の「なにげない話から入って徐々に本論へ」の書き方が論理的でないことを意味しています。

以下、関連事項を若干補足しておきます。

▼トピック・センテンスについて

英語には、トピック・センテンスという概念があります。文章におけるトピック・センテンスとは、そのパラグラフ*が何を述べるものかを一つの文で表わしたものです。

一つのパラグラフの中で、トピック・センテンス以外の文はすべてトピック・センテンスを説明するものでなければなりません。トピック・センテンスと関係のないことを書いてはならないと教えられています。また、一つのパラグラフの中に二つのトピック・センテンスがあってはならない、とも教えられています。

パラグラフ中におけるトピック・センテンスの位置は、「どこに置いてもよいが、ふつうは冒頭に『ある』」と述べられています（冒頭に「置け」とは教えられていません）。

なお、説得を目的とする文では（書いたものでも、しゃべったものでも）「〜しよう」と誘う部分がトピック・センテンスです。たとえば、「これからショッピングに行かない？　○○でセールやってるのよ」のセリフ中では「これからショッピングに行かない？」がトピック・センテンスです。

説得を目的とする文章では、トピック・センテンスは冒頭に置かなければならない、と教えられています（たとえば、教科書『Getting Started in Composition』）。

［＊パラグラフは「段落」です。日本文は改行の多いスタイルで、日本文の段落には、意味段落と形式段落の二種類があるようですが、英文にはその違いはありません。意味段落をそのまま形式段落としたものがパラグラフです］

▼Signpostについて

「私が述べたいことは三つあります。（一つは～と続く）」のように並列を行なう際に、並列そのものの前にこれから並列を行なうことを示す文を、英語ではsignpost（道しるべ）と言います。

トピック・センテンスにしても道しるべにしても、それがあるか否かでは、文章のわかりやすさは、大きく異なります。道しるべのほうは日本でも多くの人が使っていますが、トピック・センテンスのほうは、パラグラフの概念の違いもあって、それをそのまま日本語に導入はできないでしょう。が、そういう概念を持っているだけで、あなたの文章のわかりやすさは大きく改善することと思います。

▼最初のパラグラフに何を置くか

あと、最初のパラグラフに何を置かなければいけないか、についてどう教えられているかを述べておきます。

「その文章で、要するに何を言いたいのか」をどこに置くか、には決まりはありません。

「多くの場合、冒頭か最後に置かれる」と述べられているだけです。

ただし、冒頭のパラグラフにそれを置かない場合は、その文章が何に関してどちらの側（肯定側か否定側か）から書くのかを最初のパラグラフに書かなければならない――と、そのように教えられています。

つまり、その文章では要するに何を言いたいのかについて、最初のパラグラフで、主張そのもの、あるいはその案内のいずれかを述べなければならないのです。

5章　論理的に書くための基礎トレーニング

基礎トレーニング

誤解を避けるためにはじめに一言。以下に並べてある例文のそれぞれに対し、私はさまざまな批判を行なっていますが、この批判が誤解を生む可能性がまったくないとは思えませんので、批判の主旨をここで述べておきます。

これらの批判は、言うまでもなく「論理的に書く」という観点からつねに見たものです。そして、批判を行なうのは「あなたの論理的な目を養う」という建設的な目的のためです。他の目的はいっさいありません。人によっては以下の批判が「アラさがしが目的の単なる中傷」のようにしか見えないこともあるかもしれませんが、もちろん、そういった狙いは私にはいっさいありません。

▼論理的な目を養う

★思いを羅列しているだけの例文

まずは単純な文章を例にしましょう。次の文章には冒頭に主張があります。では、それを支える根拠は書かれていますか？　それを考えてみてください。

人間の尊厳のすべては思考にある。だが、この思考とはいったい何だろう。それはなんとばかげたものだろう！

思考とは、その上、その本性からいえば、素晴らしい、比類のないものである。それがさげすまれるのには、そこに奇妙な欠点があるからに違いない。が、実際、そのような欠点があり、それで思考ほどばかげたものはなくなっているのである。思考とは、その本性から言って、なんと偉大で、その欠点から言って、なんと卑《いや》しいものだろう！

パスカル『パンセ』（小野田訳）

根拠はありましたか？　ありませんね。

この文章は単に、思いを羅列《られつ》しているだけの文章です。

★読みにくい構成の例文

次は、構成の意識なく書いた文章です。これをどう改善するか、を考えてみましょう。

文章をどう書こう？　誰もが持つ疑問です。

確かに、平易な表現を使ったり、なめらかな語り口を使ったりすれば、文章は読みやすくなります。でも、そうしただけで文章が論理的になるわけではありません。でも、読みやすい文章を書こうとすると、文章は自然に論理的になる傾向があります。これは何を意味するのでしょう？　これは、文章を論理的にしたいのなら、表現ではなく、構成でわかりやすさを目指せばいいことを意味します。論理的な文章を書きたいのなら、あなたはまず、読みやすい構成の文章を書くことを目指しましょう。

さて、この文章の構成の改善を考えてみましょう。どういう構成にしたらいいでしょう？

まず、「この文章は何をもっとも言いたいのか」——それから考えてみましょう。もっとも言いたいことは、最後の文にあります。それはどんなタイプの文ですか？　提案・助言の文です。

したがって、この文は冒頭に置くべきです（説得を目的とする文章では、トピック・センテンスは文章の冒頭に置く——一五二ページ参照）。すると、その文の次に、その理由を書けばよいことがわかります。そして、それで、この文章の中心部分は終わります。あとは段落を変えて、補足説明を置く形にできます。こうして次の文章ができあがります。もちろんこれは、改善の余地のない文章にはまだ遠いのですが、はじめの文章に比べると、すっきりした構成にはなっています。

【書き換え例】

論理的な文章を書きたいのなら、あなたはまず、読みやすい構成の文章を書くことを目指しましょう。というのは、読みやすい構成の文章を書こうとすると、自然に文章が論理的になる傾向があるからです。

ただ、ここで気をつけなければならないのは、ここで言う読みやすさが構成の面からの理解しやすさである点です。「読みやすい」に気をとられて、『平易な表現を使ったり』『なめらかな語り口調を使ったり』して文章を読みやすくすれば、文章は論理的になる」と考えるのは勘違《かんちが》いです。平易な表現を使うのはもちろんいいことですが、平易な表現を使ったからといって、それだけで文章が論理的になるわけではありません。

★冒頭部分を書き換えると読みやすくなる例文

次は読みにくい例文です。でも、この文章を全面的に書き換えなくとも、単に冒頭の部分を数行書き換えるだけで、この文章はずいぶん読みやすくなります。冒頭をどんな文にしたらいいのかを考えてみてください。

書いてある順に一度読むだけで内容が理解できない文章は悪文であり、出来の悪い文章である。国語の教科書に収められている評論の文章は、実に出来が悪い。筆者のさまざまな思いが羅列されているだけの文章だ。が、この文章の書き方を、私たちは無意識のうちに自分の作文のスタイルに取り入れてしまう。

私たちは国語の時間に、「何をこれから述べようとしているかを冒頭で書くこともなく、結論もはっきり述べない文章」――つまり、読んでいて胃が変になる文章――に接し、結局、筆者が何を言おうとしているのかを知らない状態で、文章を読み進める忍耐力をつけるよう訓練される。それで、こういう文章にうんざりしながらも、自分が文章を書くときには、そのうんざりした気持ちを忘れてしまい、結論をなかなか明かさず、あるいは結論すら持たず、仮に結論を持っていたとしても、どの方角に向かっているのかさえ明かさず、文を延々と書き連ねて平気でいて、悪文社会の一端を担うことになる。

この現状は、悪文を悪文として生徒が教えられていないことから生まれている。悪文が学校で教えられているのは、悪文に対する教科書編集者の感性が麻痺《まひ》しているからなのかもしれない。というのは悪文を読み続けていると、悪文が悪文に見えなくなるからだ。これは猥褻《わいせつ》な芸術に接していると猥褻という概念を失うことと同じである。

悪文が学校で教えられているのは、あるいは、「悪文を理解できる読解力をつけよう」との狙いからなのかもしれない。仮にそうであるとするなら、教科書編集者は悪文が生徒の作文に及ぼす悪影響を理解していない。

私たちはこの教育の現状を一刻も早く改善しなければならない。なぜなら、私たちは「理解しにくい文章を理解すること」よりも、「理解しにくい文章を書かないこと」を学ぶべきであり、理解しやすい文章をどのようにして書くかを学ぶべきだからである。

さて、冒頭をどう書き換えたらいいのでしょう？

この文章がもっとも述べたい部分は、「私たちはこの教育の現状を一刻も早く改善しなければならない」です。つまり、この文章は学校（の国語）教育を批判する文章なのです。この文章が読みにくい理由は、そのことを最後まで明かさないことからきています。したがって、その部分を冒頭に置けばいいのです。

とはいえ、「私たちはこの教育の現状を一刻も早く改善しなければならない」――この主張は、「この現状」が何かを説明しなければ、書くことができません。したがって冒頭では、「この現状」を肯定側から書くのか、否定側から書くのかを示すことになります。つまり、現状批判を行なうことを冒頭の文で示せばいいのです（そして、それに続けて「この現状」を丁寧《ていねい》に説明する形にすればよいのです）。

冒頭の部分はたとえば、次のように書き換えるとよいでしょう。

【書き換え例】

悪文を書く習慣が私たち日本人にはあり、その習慣を私たちが持つことになるのは学校教育に責任がある――ここで言う悪文とは、書いてある順に一度読むだけでは内容が理解できない文章を意味する。

教科書に収められている出来の悪い文章――筆者のさまざまな思いが羅列されているだけの文章――を、私たちは無意識のうちに自分の作文のスタイルに取り入れてしまうのだ。私たちは国語の時間に、「何をこれから述べようとしているか……」(以下同じ)。

★変な感じがする例文

次の例文は一読して、変な感じを受けます。そういう印象はどこからくるのでしょう?

(二行目の「それを信用」の「それを」が何を指しているのかが、はっきり示されていませんが、それは別として)変な感じがどこからきているのかを考えてみてください。

子どもと議論すること、これはロックの重要な格率だった。これはこんにちではひじょうに流行している。しかしながら、その結果は、それを信用させるにふさわしいものとは思えないようだ。そして、わたしには、人といろいろ議論をしてきた子どもくらい愚かしい者はないようにみえる。人間のあらゆる能力のなかで、いわばほかのあらゆる能力を複合したもの

にほかならない理性は、もっとも困難な道を通って、そしてもっともおそく発達するものだ。しかも人は、それをもちいてほかの能力を発達させようとしている。すぐれた教育の傑作は理性的な人間をつくりあげることだ。しかも人は、理性によって子どもを教育しようとしている。それは終わりにあるものからはじめることだ。つくらなければならないものを道具につかおうとすることだ。子どもが道理を聞きわけるものなら、かれらを教育する必要はない。

ルソー『エミール』（今野一雄訳、岩波文庫）

この文章が変な感じがする理由として、主に三つの点が考えられます。

●ロックの重要な格率が何であるかが冒頭に書かれている点。ロックの名は冒頭に書かれているけれど、その後二度と登場していません。つまり、子どもと議論することが、ロックの重要な格率であろうとなかろうとどうでもいいことなのです。そのどうでもいいことが、文章の進む方向を示すべき冒頭の文に書かれているから変な感じになるのです。

●「子どもと議論することは間違い」というのがこの文章の主張ですが、その文そのものがどこにもない点。

●「人間のあらゆる能力のなかで、いわばほかのあらゆる能力を複合したものにほかならない理性は、もっとも困難な道を通って、そしてもっともおそく発達するものだ」という『意見』――これが正しいことを示す根拠はない――を根拠として使っているが、それでは根拠として薄弱な点。

★欠陥がある例文

次の例文には大きな欠陥が二つあります。それはいったい、何と何でしょう？

「写真は芸術か科学か」という論争は、現代ではその解答に疑問の余地もないが、十九世紀においては、ある人々は写真を科学と見なし、またある人々は写真を、絵画より劣った芸術と見なしていた。

この文章の大きな欠陥は次の二つです。

●疑問の余地なく「何なのか――写真は芸術なのか科学なのか」が明記されていない。これでは読み手に負担をかけるだけで、よい書き方ではありません。

●なぜ疑問の余地がないのかの理由が書かれていない。疑問を感ずる人に対して、あらかじめ否定する表現を使うのは、フェアな態度ではありません。

★欠陥がある意見

次は、時おり見かけるタイプの意見です。この意見の欠陥はどこにあるのでしょう?

A　男性には「男らしさ」、女性には「女らしさ」が必要だ。女性が乱暴な言葉を使い、横柄《おうへい》な態度で優雅《ゆうが》さに欠けるようでは、男も結婚する気になれないではないか。

この意見の欠陥は、根拠として述べられている部分が根拠になっていない点です。

まずはじめに、「女らしさ」についてですが、ここでは女らしさの定義がないので、表現中から「乱暴な言葉を使わず、横柄な態度で優雅さに欠けることがないこと」を女らしさと言っていると判断しなければなりません。

ところで、男性が乱暴な言葉を使い、横柄な態度で優雅さに欠けるようでは、女性もやはり結婚する気にはなれないでしょう。したがって、Aの意見が正しいのなら、男性にも「女らしさ」が必要になり、結局誰にも必要なものとなるので、いま「女らしさ」と呼ぶものは、「女らしさ」ではなくなるのです。

つまり、結局のところAの意見では、結論に対して正しく根拠が示されていないのです。

★すっきりした論理構造の例文

次は十七世紀の戯曲中のセリフです。このセリフはすっきりした論理構造をしています。どんな構造ですか?

ピューリタン［2］ あんなスプーンは、うちの娘の食事にはとても使えません。娘の髪の毛が赤くなると困りますから。赤い髪は、うちら信者のきらいなものですよ。赤毛のスケべって言うざんしょ。

トマス・ミドルトン『チープサイドの貞淑《ていしゅく》な乙女《おとめ》』

（小野正和訳、早稲田大学出版部）

この文章では、複層の根拠が次のように順に主張を支えています。

主張「～は使えない」

根拠「～では困るから」

下位根拠「(なぜ困るかというと)～がきらいだから」

さらに下位の根拠「(なぜきらいかというと)赤毛のスケべと言われているから」

ちなみに、この文章の文の並び順を逆にしてみると興味深い結果が得られます。

赤毛のスケべって言うざんしょ。赤い髪は、うちら信者のきらいなものですよ。うちの娘の髪の毛が赤くなると困りますから、あんなスプーンは、娘の食事にはとても使えません。

これではあたかも「赤毛のスケべ」を論じようとしているかのようなはじまりで、結局スプーンの評価がメインであることは最後にようやくわかります(あるいは、何がメインかわからず迷ってしまいます)。

このような「主張とはもっとも遠いところからはじめて、徐々に主張に近づいてゆく形式」——私はこれを**「芋《いも》づる連鎖《れんさ》」**の形式と呼んでいます——では、理解が困難になるのです。これは、映画で主人公が最後の十分間しか登場しないのなら、その人が主人公とはとても思えないのと同じ理由です。ところで、日本語で書かれた文章のうち、かなりのものはこの芋づる連鎖の形式で書かれています。要するに何を言いたいのかが、はっきりわからない文章が日本語の文章の中に多いのは、そのためです。

★結論と根拠がつながっていない例文

次の文で、根拠は主張を十分支えていますか？

人はまだ若いからといって、哲学することを先にのばしてはならないし、もう年をとったからといって、哲学に飽きるようなことがあってはならない。なぜなら、誰だって、魂《たましい》の健康を手に入れるのに、若すぎることもなければ、年をとりすぎていることもないからである。

エピクロス『メノイケウスへの手紙』

（加来彰俊訳、岩波文庫『ギリシア哲学者列伝』所収）

この文章では、結論と根拠はつながっていません。

この文章の場合、哲学することの意義を示さなければ——さらに、哲学すれば魂の健康を手に入れられる理由も示さなければ——主張を十分支える根拠とならないからです。このことは、この文章を次のように書き換えてみるとよくわかるでしょう。

人はまだ若いからといって、船に乗ることを先にのばしてはならないし、もう年をとったからといって、船に乗ることに飽きるようなことがあってはならない。なぜなら、誰だって、船に乗るのに、若すぎることもなければ、年をとりすぎていることもないからである。

★論理が間違っている例文①

次は、論理の間違いの例を二つだけ並べます。この二つは多くの人が過去でも、現代でも、そして必ず未来でも——繰り返し間違う典型例です。

まずは、次の文章です。いったいどんな間違いがあるのかを考えてみてください。

アリストテレスもまた、『プロトレプティコス』において「哲学すべきかどうかを知るためには哲学してみなくてはならず、哲学してはならぬかどうかを知るためにも哲学してみなくてはならぬ。したがって、いずれにせよ、（ひとは）哲学しなくてはならぬ」と主張した。

オリュンピオドロス『第一アルキビアデス注釈』（川田殖訳、筑摩書房）

これは、すべてを網羅《もうら》していないのに、網羅したと考えて結論を導く間違いの単純な例です。「Aのためには Bをしなければならない。Cのためには Bをしなければならない。したがって、いずれにしても Bをしなければならない」が論理的に正しいためには、「Aのため」と「Cのため」ですべての「～のため」を網羅していなければなりませんが、例文の場合では網羅されていないからです。このことは、例文を次のように書き換えてみるとよくわかるでしょう。

「大食いすべきかどうかを知るためには大食いしてみなくてはならず、大食いしてはならぬかどうかを知るためにも大食いしてみなくてはならぬ。したがって、いずれにせよ、（ひとは）大食いしなくてはならぬ」

★論理が間違っている例文②

さて、では次の例ではどんな間違いがあるのでしょう？　前の例と非常に似ているとも言える間違いです。考えてみてください。

なお、次の文中の「旗」とは、「自分が性的に使用できる者であることを、はっきり示すために服装によって女が掲げる旗」の意です（このことは引用した文の前の段落に書かれています）。

> 女は、裸ででも出掛けない限り、旗を掲げないでいることは極めて難しいし、裸で出掛けたら、明確に旗を掲げていると解釈されるだろう。
>
> A・ドウォーキン『ポルノグラフィ』（寺沢みづほ訳）

この文章の論理的な間違いは、並列に並べられないものを並列に並べている点です。「旗を掲げていると解釈されるだろう」は、「旗を掲げている」と同義ではありません。裸で出掛けたら、旗を掲げているのか掲げていないのかを述べなければ並列には並べられません。この文章は「猫がA（たとえば、雨ふり）なら眠っているし、Aでないなら眠っていると解釈されるだろう」と同じ構造です。

これは論理的には「錯乱《さくらん》」していますが、あなたの周囲の文章をいろいろ注意深く見れば、このタイプの間違いのある文章がけっこうあることに、あなたはきっと気がつくはずです。

★読む人によって解釈が変わる例文

次は明言の重要性を示すための例文です。この文章はいったい何を言いたいのか、続くA～Dの選択肢の中から選んでみてください。

英国人に日本について、何か知っているかとたずねたら、おそらく大半の人が「イエス」と答えるであろう。しかし、その内容はといえば、パソコン、自動車、カメラなどの商品名を挙げる程度であろう。

A　英国人は日本について知っていることはわずかしかない。

B 「知っている」という認識とその実態には大きな隔たりがある。
C 日本の商品名を知っているだけでは、日本の何かを知っているとは言えない。
D 日本商品と「日本」とは無関係である。

大勢にこの質問をしてみたら、得られる答えはバラバラに分かれることでしょう。CやDを選ぶ人はたぶん少ないでしょうが、皆無ではないでしょう。読んだ瞬間にはわかった気にはなったものの、考えているうちにわからなくなって頭を抱える人もいるでしょう。こういう現象が生まれるのは、何を言いたいのかが明言されていない文章では、それを読む人がどんな視点からこの文章を読むかで解釈が変わるからなのです。

何を言いたいのかが明記されていないと、読み手に大きな負担を、場合によっては苦痛を与えます。こういうことがないよう、あなたは、何を言いたいのかを明記しなければなりません。

この文章の前に、たとえばBの選択肢の文を置いて、もう一度、文章全体を読んでみてください。そして、「要するに何」の部分があるだけで、どれほど文章が理解しやすくなるかを、ぜひ確認してみてください。

※以上を読んで、あなたが「この例文と質問は、実は、段落の冒頭にトピック・センテンスを置く習慣をつけさせるためだろうな。でも、その意図があるのなら、それを著者は明言すべきだ」と考えたのなら、あなたは鋭い人です。まったくそのとおりです。

逆の視点からのアプローチ

何かを論ずる文を書く場合、多くの人は新聞の社説・コラムや雑誌などの文章の強い影響のもとに文章を書きます。そして、その結果、論理的でない文章が書かれることになります。

新聞・雑誌への投書、入試の小論文、入社試験の課題作文などをじっくり見れば、ほとんどの文章は非論理的であることが、本書をここまで読み進んできたあなたには容易にわかることでしょう。

実際に書かれた文章を引用して、いままでのように批判することは簡単ですが――ただし、「文章中にある欠陥の量が多いので、それらの欠陥を逐一《ちくいち》、拾いあげて説明していくことはかなり疲れる作業になる」という意味では簡単ではありませんが――ここでは直接の引用はやめて、その代わりにちょっと趣向を凝らし、そういう欠陥文をつくってみて、それを批判的な目でながめてみることにしましょう。そのときあなたは、作成経過を知っていることになるので、それらの批判を容易に理解できることでしょう。

さて、文章作成ですが、基本的には、次のように文章を書けば、非論理的な文章は簡単につくれます。

▼非論理的な文章の簡単なつくり方(大基本)

- 要するに何を述べたいのかに重きを置かず、思いを羅列する。
- 「要するに何を述べたいのか」の部分を支える根拠を書かない。
- メインである主張の部分は、決して主張する形にせず、疑問文にする。
- メインではないところの意見は疑問文にせず、根拠をそえずに断言する。

これらに従うだけで、論理的でない文章ができあがります。以下これらを守って、いくつか文章をつくってみましょう。

また、批判については「悪い文章の例を書いたのだから、悪い文章なのは当たり前」と軽く見ないでください。この種の文章は、日本にはふんだんにあるからです。

なお、それぞれの批判については重要点だけにとどめておきます。

★社説調の例文①

まず最初は、社説調の文章をつくります。

仮に政府が「生類憐《しょうるいあわ》れみ法案」を検討していたとします。これに反対する側から社説を書く場合は、反対することをはっきり表明せず、単にトーンとして反対側であることを示すだけとし、どっちつかずの面を残すことになります。そうすると感じはすっかり社説調です（「制服にはいい面も悪い面もあるが、両方を鑑《かんが》みた結論としては悪い」の形にすると、論理的になります。非論理的にするためには「制服にはいい面も悪い面もある」でとめたり、「制服にはいい面はあるが、悪い面も多い」などのようにしなければなりません。社説はどっちつかずの面を残すことが基本方針〈？〉のようですが、もしもそれがほんとうに基本方針であるのなら、結局、非論理的に書くことを基本方針として採用していることになります)。

ここでは、根拠を書かずに主張を羅列するスタイルをとってみましょう。

政府が生類憐れみ法案を検討している。それはそれで結構なのだが、法案が可決したのなら、物価が上昇するのではないかという疑問が生じる。政府は国民の不安に対し、敏速な対処をしてほしい。ペットフードに重税をかければ、捨て犬防止に役立つことは間違いない。猫を飼うことを禁止するほうが現実的なことではないだろうか。国民のペットの飼い方について、早急に検討することが求められる。

社説はもちろん、ここまでひどいわけではありません——が、いかがでしょう? 内容は別として、語るフォーマット(いわば、容器のようなもの)がそっくりとは思いませんか? 各文を一つの段落にして、各段落に一つずつ文を加えれば、さらに社説らしくなりますね。

【社説調の例文①についての批判】

自己の立場を明言していない点が、この文章の最大の欠陥です。

この文章は、要するに何を言いたいのでしょう。「法案に反対する」と言いたいのでしょうか？ もしもそうなら、それを明言しなければなりません（書かないのは、ごまかしです）。また、第二文に「結構」とあるのはどういうことでしょう？おそらく、「法案には反対しない」という意味でしょう。ということは、この文章は結局のところ、「法案には反対ではないが反対する」と言いたいのでしょうか？それとも、「法案には反対ではないが、反対する人の側にも立っている」と言いたいのでしょうか？ そのあたりのことが、まったく明言されていないのです。つまり、この文章は、立場をごまかした文章なのです。

【補足】

「一つの側をとる」ことに関して、ここで補足説明をしておきます。「一つの側をとる」ということは、「逆の側をまったく無視せよ」という意味ではありません。いろいろな事柄には、よい面も悪い面もあります。賛成すべき理由も反対すべき理由もいろいろあります。それらの両面を書くことは、悪いことではなく、非常によいことです。

「いろいろな要素を総合評価して、結局、結論としてはどちらなのかを明言する」のが、一つの側をとることなのです。

★社説調の例文②

今度は反対色をもう少し強く出してみましょう。ただし、「政府は生類憐れみ法案を成立させるべきではない」のように、反対する文を直接書くと論理的になってゆくので、それは絶対にやめることにします。根拠なしの断言をいくつか入れ、ネガティヴな語も使ってみましょう。

生類憐れみ法案に反対する声が強まっている。政府のこの法案は、封建社会そのものだ。現代は江戸時代ではない、との声があがった。当然だろう。女系社会だった時代に政治のあり方を戻せ、との意見まで飛び出している。これに対し政府は＊＊した。露骨《ろこつ》な「アメとムチ」である。先週、政府がした※※※もその延長上にある。政府は国際的視野がないのではないか。一昨年の著作物検閲法案の失敗から、まったく教訓を得ていないようだ。法案は政治そのものである。国民よりもペットを優遇するのでは、国家崩壊の原因となる。

社説はもちろんここまでひどいわけではありません——が、やはりこれも社説調ですね。

【社説調の例文②についての批判】

反対していることはわかりますが、それを明言している文がありません。「政府は生類憐れみ法案を成立させるべきではない」のように、主張を直接書くべきです（そして、その理由を詳しく書くべきです）。

根拠なしの書き方にも、大きな問題があります。「当然だろう」と言える根拠が書かれていませんし、「露骨な『アメとムチ』」と言える根拠も、「その延長線上にある」と言える根拠も、「国際的視野がない」と言える根拠もありません。さらに、「教訓を得ていない」「法案は政治そのもの」「ペットを優遇する」「国家崩壊の原因となる」と言える根拠もありません。

このように根拠なしの文を重ねて文章全体のネガティヴなトーンのみで、読み手を同意させようとするのは感情操作の方法です。論理的な者が使うべき書き方ではありません。

★コラム調の例文①

さて、次はコラム調の文章をつくりましょう。

ここでは、実在する広告に対して直接抗議するのではなく、抗議する「ような」コラムを書いてみましょう。したがって、抗議は前面に出さず、「ほんとうに抗議しているのだろうか」と思えるほどの内容にし、書き方も主張ではなく、独り言にします。そうすると、完全にコラム調になります。

また、冒頭は故意に不完全な文としましょう。これは読者の目を引きつけるために、コラムではけっこう頻繁《ひんぱん》に使われる方法です。さらに、筆者以外の発言もそえましょう。このとき、その発言は発言のままで終わりとし、なぜその発言を引用しているかの理由を書いてはなりません（引用の理由を書くと、論理的な色彩が加わってしまいますから）。また、「思ったよりも」という意味不明な語も使ってみましょう（「思ったよりも」では、誰が思ったのかが不明です）。

と、こうして、次ページのような非論理的な文章ができあがります。

男の靴が裸の女の子の乳房《ちぶさ》を踏む。私はがく然とした。乳房の踏みごこち？　もちろん、そうは書いてない。でも写真は明らかにそう語っている。

広告は無意識のうちに、見る人の心に影響を及ぼす。この影響は思ったよりも深刻だ。

「信じがたいことです」と、ある女性は目をまわした。「私たちは踏まれるためにいるのではありません」。

かつて、水着姿の女性がTVカメラにお尻を向けてうずくまり、お尻を上下するCMがあった。あのCMは視聴者からの抗議でアッと言う間に姿を消した。

あの時代の日本は、もうないのだろうか。この変化が、よい方向への変化であることを祈りたい。

いかがでしょう？　エッセンスだけなので文章の量は少ないのですが、これはコラム調ですね。

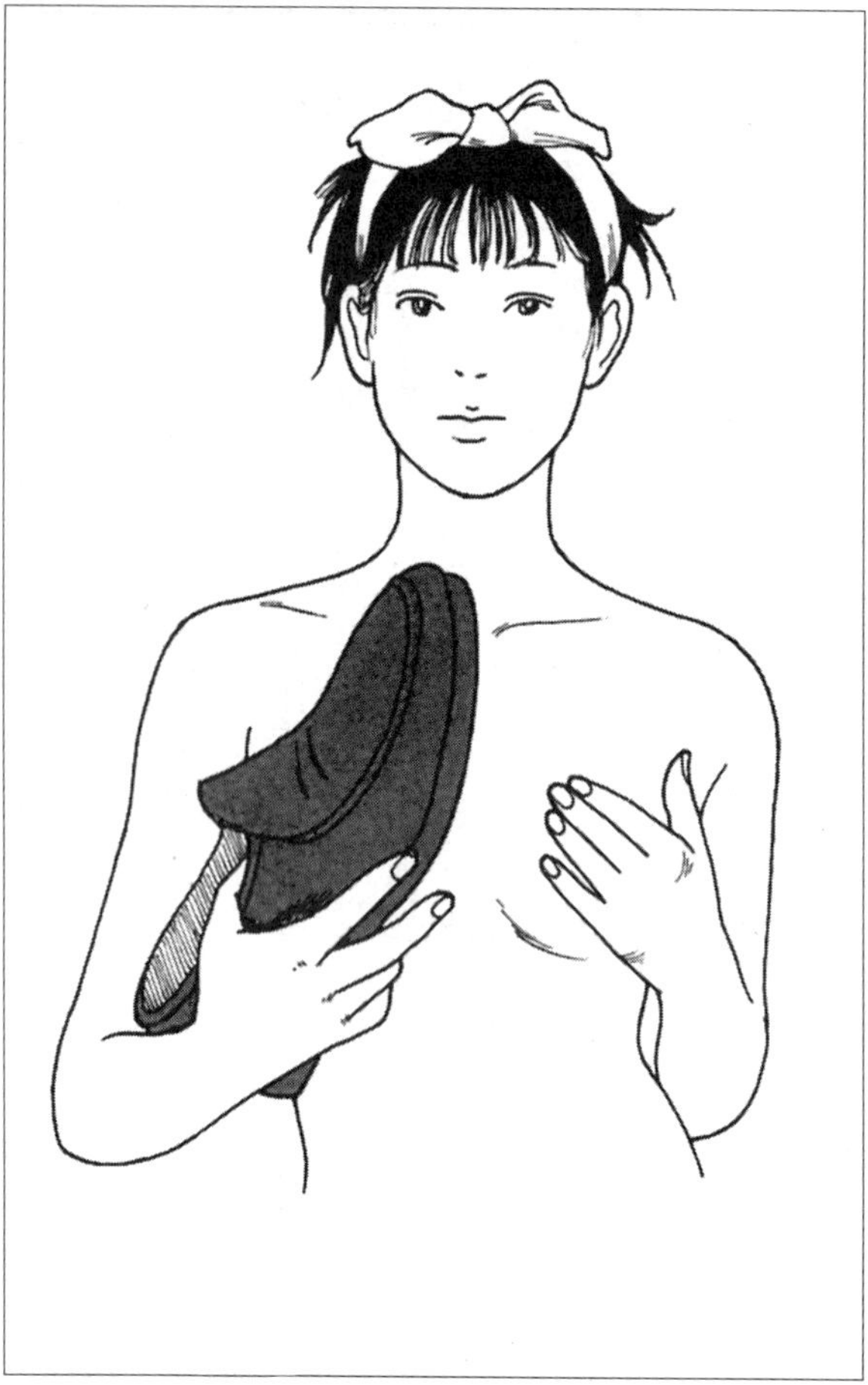

ん。

【コラム調の例文①についての批判】

この文章でも主張が明言されていません。そして、その直接の根拠もありません。

「がく然とした」でとめて主張を回避するのは、ごまかしです。「写真は明らかにそう語っている」のあと、「だから何？」がありません。「影響を及ぼす」や「深刻だ」のあとにも「だから何？」がありません。「だから何？」の部分は絶対に書かねばなりません。

「信じがたいこと」（というのは私のほんとうの気持ちですが）――これを引用する理由を明言していないのもごまかしです。女性に強い不快感を与えることを述べたいのなら、引用とは別に、「女性に強い不快感を与える」と明言しなければなりません（文意から自明、という態度ではだめなのです――覚えていますか？）。

明言するという点からは、最後の文が最悪で、主張することを避け、完全に逃げています。内容に混乱もあります。最後の数行は「広告のモラル」の話で、それまでの「一広告への批判」とは別の話になっています。一広告の批判をするのが目的なら、一広告の批判に徹するべきで、広告のモラルを論ずるのが目的なら、最初からそれを論ずるべきです。

★コラム調の例文②

次は状況設定を架空の未来として、小学校でも英語が教えられるようになった時代とします。この時代におけるコラム調のパロディをつくってみましょう。

今回は「男尊女卑《だんそんじょひ》の傾向は改められるべきだろう」と、自信なさげに主張することにします（「男尊女卑の傾向は改めるべきだ」とせずに、「だろう」を加えるのは、もちろん反論からあらかじめ逃げるためです）。

根拠として「なぜ改めるべきか」を書かずに「その傾向があるな、と思った」とだけ書くことにしましょう。それでは根拠になっていないので、そこでとめれば論理的になりませんから。

また、その「逃げている主張」とはまったく関係のない引用をしましょう。それで、論理が「錯乱」している感じが強く出せます。また、さらに関係のない「育児に関する疑問」もそえましょう。こうしてコラム調の文章ができあがります。

今度、文部科学省が作成した「常用英単語表案」は、英語の使用を義務づけるものではなく、日常使う英語の目安を示すものだという。義務色を薄めたのは結構なことだが、新たに加わった単語の一覧表をながめなが

ら、男尊女卑の傾向があるな、と思った。

たとえばprimogeniture（長男相続権）、male-chauvinism（男尊女卑）、sissy（めめしい）などである。こういう語が不必要だとは思わないが、常用と名づけるくらいなら、一般人が常用する語をもっと増やすべきではないか。常用英単語表案には、私たちが毎日のように使うbitch（あばずれ）、buttercup（魅力的で純真な女の子）などといった語がない。bombshell（息をのむほどセクシーな女の子）、proposition（命題）という難しい語が加えられたのに、nipple（乳首）という基本的な語がないのはなぜだろうか。いまや、母乳で子を育てる母親がいないからなのだろうか。

いまから百年ほど前、小野田博一は「難しい語を用いなければ単語数は三〇〇〇で十分だろう」と言っている。

今度の案は二九九八である。英語が日常的に使われていなかった時代に三〇〇〇という数をはじき出した小野田には、さすがに先見の明があった。

「目安」ということであれば、単語の数をやたら増やすのもどうかと思うが、男尊女卑の傾向は改めるべきだろう。

【コラム調の例文②についての批判】

最後の「改めるべきだ」に対する根拠「なぜ改めるべきか」がないのは致命的です。たとえほとんどの人が同じように考えていて、それに同意する主張であったとしても、結論としてそれを主張するのであれば、その根拠を省いてはいけません。「男尊女卑の傾向があるな、と思った」はごまかしです。この場合、大切なのは「男尊女卑の傾向があるか否か」であって、筆者が思ったか否かではないからです。「男尊女卑の傾向があるか否か」は、論の中心となる部分なので、「男尊女卑の傾向がある」と断言しなければなりません（主張せずに逃げてはいけません）。そして、そう断言できる理由を詳しく書くのです。この状況設定では、主張を支えるのは具体的な英単語の列挙となるでしょう。したがって、例がこのように三つだけでは根拠として貧弱です。

引用や育児に関する疑問などの、主張とは関係のない部分は、まったく余分なので削除すべきです。とくに、主張と関係のない引用は「さりげなく知識を披露《ひろう》する」目的のために時おり行なわれているので注意を促《うなが》しておきますが、それは読み手にとってさりげないわけではなく、むしろ「愚かさの露骨な披露」に見えることになるので、論理的に書きたいのなら絶対にしてはいけません。

★投書の例文①

テニスのトーナメントでは、ある年から女子選手のミニ・スカート着用が義務づけられたらしいのですが、テニスに関する知識は私にはほとんどないので、これは私の勘違いかもしれません。

が、いまはそのことは横に置き、今回の状況設定は、いまが架空の過去の時代であって、「テニスのトーナメントでミニ・スカートの着用が許可されたばかり」としてみます。それに対して不満の意を述べる「新聞への投書」を、疑問文を交えた主張の羅列で書いてみましょう。

テニスは単なるスポーツではなく、紳士淑女の品位のゲームです。ミニ・スカートが許されるのなら、水着やランジェリーの着用許可を求める動きを止められなくなるのではないでしょうか。ファンを増やそうという狙いなのだそうですが、それならナブラチロワのようなスーパースターを育てるべきです。テニスはビューティー・コンテストとしてつくられたのではありません。世界テニス連盟は、ミニ・スカートの着用許可を検討するよりも、テニスの魅力を広く伝える方法を検討すべきではないでしょうか。

論理色がいくぶん出てしまっていますね。これは、主題「ミニ・スカートの着用」から離れずに文章を書いているからです（余分なことを書くことは、非論理的な文章を書く上で、非常に大切なことです）。でもこの文章は、主張の羅列でできていて基本的には非論理的なので、さらに改悪せずにこのままとしておきます。

【投書の例文①についての批判】

これは、すでに書いたように、主張の羅列でできているのが非論理的ですが、「すべての主張が批判の意を支えていて余分なものがない」という点では、他の例文と比べると群を抜いています。各文に理由がそえられていれば、かなりいい文章になるでしょう（なお、この文章は構成の意識に欠けていますが、それはまた、根拠をきちんと書けるようになってからの話です）。

★投書の例文②

次の状況設定は架空の未来です。女子高校生のヌード写真集の出版が相次いでいるときとします。その一時的なブームを批判する投書を書いてみましょう。

書き方は、やはり単に思いを連ねる方法をとります。批判の対象は一定させないようにしましょう――つまり、マスコミを批判したり、被写体である女の子たちを批判したり、その写真集の発売を許す社会を批判したり、といった具合です。

そして、批判にはもちろん根拠をそえずにおきましょう。こうして次の文章ができあがります。

女子高校生のヌード写真集がマスコミの話題になっていますが、私は疑問に思います。写真集は売れればよいという観点からつくるものなのでしょうか。また、いくらお金のためとはいえ、カメラに向かって脚を広げてしまう女の子にも問題があります。自分たちが何をしているのか、いったいわかっているのでしょうか。ブームに拍車をかけるマスコミは、開放的であることと慎みを持たないことを混同しています。アメリカでは十七歳以下の女の子のヌード写真集の発売は法律で禁止されています。少女のヌード写真が一般向けに発売されることを許す社会はおかしいのではないかと思います。

今回はパロディ調ではなく、真剣なトーンの文章としてみました。でも、だからといって論理的になっているわけではありません。構成はいままでの文章となんら変わらないことを確認してください。

【投書の例文②についての批判】

この文章の大きな欠陥は「根拠なし」と、「論点外れの記述が多いこと」です。

この文章の話題は、問題としている写真集の「発売を許すべきか否か」です。したがって、「写真集はどういう観点からつくるものか」や「女の子たちがわかっているのか」や「マスコミが混同していること」などは論点外れです。

★課題作文の例文①――タイトル『四季』

まず、結論――「私たちは日本人の持つワビ・サビの心を失いたくないものです」を決めます。

それを支えるために、「なぜ失いたくないか」とか「失うべきではない理由」などを書くと論理的になりますから、それはやめましょう。また、ワビ・サビを理解することの意義などをたっぷり述べると、やはり結論を支える強い力を文章が持つことになりますから、それもやめましょう。

非論理的な文章にするためには、結論までの間に決してワビ・サビの語を使わず、最後に突然、登場させるのがもっとも効果的です。

が、この文章では一度だけ前に登場させておきましょう（一度だけでは論理色は加わりませんから、そうしても大丈夫です）。

また、冒頭の文は、ワビ・サビとはまったく関係なく「四季のある国はいろいろありますが、日本ほど四季を大事にしている国はないでしょう」とし、なぜそう言えるのかの根拠は決して書かないことにします。

もうこれだけで十分、非論理的です。あとは、四季に関して思っていることを羅列しましょう。このとき、接続詞を使って概念間の関連を示すと論理的になってゆくので、接続詞を使ってはいけません。

こうしてできあがったのが次の文章です。

四季のある国はいろいろありますが、日本ほど四季を大事にしている国はないでしょう。

四季が日本人にワビ・サビを理解する心を育てます。

四季は擬人化され、人生を表わしたものと捉えることがあります。春はおだやかさ、夏は情熱、秋は落ち着き、冬は厳しさなどの感情をも表わします。

四季にそれぞれの特色があり、私はどの季節も好きです。春はあけぼのが素敵な季節です。希望にあふれる新生のときです。夏は海のシーズンです。活動、躍進のときです。秋は紅葉《こうよう》の季節です。思いにふける思慮の季節です。冬はスキーのシーズンです。忍耐のとき、充電のときです。

最近は旬のものがなく、イチゴもグレープフルーツも年中食べられるため、四季の境がなくなりつつあります。でも、わたくしたちは日本人の持つワビ・サビの心を失いたくないものです。

【課題作文の例文①についての批判】

『四季』というタイトルでワビ・サビを書くのですから、四季とワビ・サビの関連は、十分に書かねばなりません。単に「四季が日本人にワビ・サビを理解する心を育てます」だけでは不十分です。

例によって、主張に根拠がないのは致命的です。単に「ワビ・サビの心を失いたくないものです」と書いただけでは、「ワビ・サビの心を失ってもどうということはない」と思っている人や、ワビ・サビの心を持つ意義を何も感じていない人などには、何も働きかける力がありません。

★課題作文の例文②――タイトル『個性』

まず、主張を「個性のある人は、個性をアピールできる人」と決めましょう。

今回は第一段落に主張を置きます。が、まずは疑問文ではじめます（アメリカでは「その疑問文に答えるためだけの疑問文は書くな」〈自問自答のための疑問文を書くな、と同じ意味〉と教えられています。そこで、その逆をゆくのです）。また、主張そのものは、「思う」を加えて弱くします。

もちろん、「なぜ、そういう主張ができるのか」の理由の部分（つまり、主張を支える部分）は書きませんし、アピール「できる」ことの重要性を説明したりもしません（単に、「現状はこうだから、意義がある」の形にします。その形では論理色は加わりませんから、そう書いても大丈夫です）。

そして、主張を支えるものを書かない代わりに別の話をしましょう。これで完全に、論理的ではなくなります。

「5W1Hが大切」という考え方も論理的な文章では不要です（たとえば、「いつ」のことかを書いても主張を支えることにならない場合に、「いつ」のことかを書くのは余分です）から、今回は「いつ気がついたか」の部分も加えましょう。こうして次の文章ができあがります。

個性のある人とは、どんな人でしょうか。それは個性をアピールできる人のことを指すのだと私は思います。

現代は多様性の時代と言われています。でも、実際はそうではありません。中高生はみな同じような服を着て、同じようなソックスをはき、同じように髪を脱色しています。大人の服装も似たりよったりです。女性は謙虚で従順なタイプが広く好まれています。でも、大勢に自分を合わせようとしたら、その人自身のよさはつぶれてしまいます。そのことに私が気がついたのは、つい去年のことでした。

このような画一化の時代だからこそ、個性をアピールできることに意義があるのです。誰もがミニ・スカートをはいているときに、ロング・スカートをはける人が個性のある人だと思います。

【課題作文の例文②についての批判】

「現状はこうである。だから意義がある」の形では、論理的ではなく、何も説得力がありません。「画一化の時代だからこそ、個性をアピールできることに意義がある」には、根拠と結論の間に大きな隔たりがあります。単にこの形では、「画一化の時代だからこそ、個性をアピールしないことに意義がある」と考える人に働きかける力を持ちません。

画一化の時代に、なぜ個性をアピールできることに意義があるのかを、詳しく述べる部分が必要なのです。

★入試の小論文の例文①

出題は次のようであったとします。

「禍《わざわい》転じて福」について、賛成側か反対側のどちらか一方の側から論ぜよ。

まず、どちら側からでもない文章をつくってみましょう。つまり、賛成側でも反対側でもなく、虚無的な立場から肯定的に見ることへのあこがれを述べる（ゆえに、実行につなげる具体案を持つ気はない）矛盾《むじゅん》した文章を書いてみましょう。もちろん、それでは「どちらか一方の側から」ではないので、出題に対して答えたことになりません。

前半は現象の話、後半は話題を変えて力の話とします。これで文章は完全に混乱します。

禍が転じて福になることは、なかなかあるものではない。まれにはあるが、やはり現実にはごくまれなことだ。子供のうちは単純にそれを信じていられるが、大人になってゆくにつれて、それを信じることはなかなか難しくなってゆく。これは悲しいことだ。せめて子供たちには、そう信じられるようにしてあげるべきだろう。もっとも、運というものもあるので、それを過小評価すべきでないことは言うまでもない。しかしながら、やはりそれは運でしかない、と言わざるをえない。

禍を福に転じさせる力を持つことは容易なことではない。実際のところ、それは困難の極みであり、超人でなければ無理なことだ。でも可能なら、そういう力を持ちたいものである。

【入試の小論文の例文①についての批判】

これについて重要な部分は、文章作成方法のところですでに述べています（ほかの文章でも、それはだいたい同様ですが）。

この手の文章は、基本的にはこの例文のように「ふよふよ」と淡《あわ》い思いを連ねるのではなく、細かく具体的な記述で集中的な迫力を出すべきです。たとえば、この文章で結局のところ「そういう力を持ちたい」と、もっとも述べたいとしましょう。その場合は、たとえば「なぜ持ちたいか」「持つことにどんな意義があるのか」「どうすれば持つことができるのか（の推測）」「それに対し、何が障害となりうるか」「その障害にどう対処すればよいか」などを徹底的に書けばよいのです（この文の意味は、「こういったことを書け」ということではなく、「とにかく徹底的に書け」という意味です）。

★入試の小論文の例文②

今度は、同じ出題に対して、反対する側から書いてみましょう。

主張は「私たちは禍を禍として受けとめる勇気が必要だ」とし、今回は、主張を最後に置きます。しかも、その主張の中の「勇気」を、それまで一度も登場させないでおきましょう。そうすれば「勇気が必要」が実は主役だということは、誰にもわからないでしょう。もちろん、最後になっての登場なので、「なぜ勇気が必要か」を述べる余地はありません。

冒頭には、「勇気が必要」とはまったく関係のない話——しかも推測——を置きましょう。これで十分、非論理的です。また、記憶の定かでない引用——しかも伝聞による引用——を書いて、文章にあやふやな感じも加えましょう。

こうして次の文章ができあがります。

禍転じて福——「それがほんとうなら、私の人生はもっといいものになっていたはず」と言う人は多いでしょう。

友人に聞いたのですが、経済学の法則に「失敗する可能性があることは、必ず失敗する」というものがあるそうです。現実的には、否定的な予測をしているべきだ、という意味なのだろうと思います。

禍が福となる、などということを信じていたら、ろくなことはありません。がっかりするだけです。人生は、そんなに甘くありません。たとえば、事故にあって死んだら、それで終わりです。それが福となることはありえません。

現実を直視できずに、甘い未来を夢見るのは夢想家にまかせましょう。

私たち現実の人間には、禍を禍として受けとめる勇気が必要です。

【入試の小論文の例文②についての批判】

これもやはり、最後の「勇気が必要」の部分に根拠がないのが致命的です。これでは「禍を禍として受けとめるには勇気は必要はない」と思う人を苦笑させるだけです。

冒頭には「だから何？」が抜けていて、全体の案内になっていません。

また、第三段落はほとんど同義の文の反復なだけで稚拙《ちせつ》です（文章の量だけが増えて、内容は増えていません）。

★雑誌の次号予告の例文

最後は、雑誌の次号予告の文章です。架空の雑誌『Email Chess』（Eメールを着手の伝達手段として用いる通信チェスの専門誌。Eメール・チェスそのものは実在します）が、あったとしましょう。

今回は、この雑誌が次号から誌面構成を大きく変えることを予告する文章を書きます。

この場合、どのように変わり、その変化がどんなに素晴らしいものかを具体的にアピールするのが、この文章の最大の目的になります。したがって、どう変わるかを具体的に書いてはいけませんし、その変化がなぜ素晴らしいかがはっきりわかる根拠も書いてはいけません。あくまでも抽象的に、あいまいでなければなりません。

なぜ変わるかの理由（世界状況の変化）は、一応書くことにしましょう（それを書かないと、書くことがなくなりそうですから）。でも、状況変化が誌面の変化のどこに反映されるかを具体的に書くと、読者にアピールする文章となるので、それはやめ、つながりはあいまいなままとしましょう。もちろん、冒頭は「誌面構成を変えること」とは、まったく関係のない文であるのが、非論理的な文章としては最適です。

こうして、次の文章ができあがります（見てわかるとおり、「芋づる連鎖」の形式です）。

Eメール・チェスは、インターネットの普及とともに世界的に広く行なわれるようになりました。そのチェス・ファンの要望に答えるために、本誌は誕生しました。世界のEメール・チェス人口のほとんどは、通信チェスの初心者であり、いかに通信チェスを行なうかの基本を教えるのが、本誌の主な役割でした。

ところが昨年より、チェス界に大きな変化が生じました。言うまでもなく、強力な市販コンピューター・チェス・プログラムの登場です。今年の五月にはDeep Blue（これは市販されてはいません）が、プロ・チェス協会のチャンピオンであるカスパロフを、六ゲームマッチで破るなど、チェス・プログラムの上達ぶりは目覚ましく、Deep Blueに勝ったプログラムFritz4は、九〇ポンド弱（およそ一万八〇〇〇円）で、すでに市販されています。

世界的にも名を知られている通信チェス・プレーヤーの小野田氏によれば、「コンピューター・チェスの力は、まだたいしたことはなく、通信チェス界にはDeep Blueに勝てる者が数百人はいるだろう」とのことですが、コンピューター・プログラムが、次第に通信チェス・ファンの脅威《きょうい》となりつつあることは事実です。また、ICCF（世界通信チェス連盟）やNAPZ（北アメリカ・太平洋ゾーン）のトーナメントも一段と活発化しています。

こうした変化に対応するために、『Email Chess』は次号より内容を一新します。これまで本誌が築いた資産を継承しつつ、記事の充実と増強、拡張と刷新《さっしん》を図ります。

すべての通信チェス・ファンの友、新しく生まれ変わる『Email Chess』にご期待ください。


【雑誌の次号予告の例文についての批判】


この文章は、次号が素晴らしいものになるということを知らせるための文章なので、いかに素晴らしいかを強くアピールすることに徹すべきです。どう変わるのかを具体的に書き、その魅力が「見える」ように説明し、必要ならば、世界の変化の記述を魅力のアピールに直接使うのです。

たとえば、――「コンピューター・プログラム対策に関しては、毎号四ページの対策講座の連載がはじまります。ここでは強いプログラムが、あっさり負けたゲームが満載されます。これを読めば、最近続出している強力なプログラムへの対策は万全です」——などのように書くのです。

「世界が変わった、だから誌面を変えます」ではディフェンシヴで、魅力的には見えません。魅力を伝えるためには「世界が変わろうと変わるまいと、次号は素晴らしい」と述べるくらいのパワーを見せるべきです（もちろん、正確な情報をそえて）。

さて、最後に、「まえがき」で触れた例文の欠点を考えてみましょう。……もう読者には自明ですね。

あの文は「Ｗｉｎｄｏｗｓを自分の好みに変えよう」という提案の文章です。したがって、トピック・センテンスは冒頭になければなりません。そして、その提案をする理由を、その後ろに書くのです。

文章を書き換えると、たとえば次のようになります。

【書き換え例】

Ｗｉｎｄｏｗｓをあなた好みのシステムに変えましょう。あなたの好みに変えれば、パソコンがあなただけの、世界に一つの貴重な友となり、これはとても楽しいことです。そして素晴らしいことに、システムの設定の変更は、簡単にできるのです。さらに、お金をかける必要すらないのです。さあ、さっそくシステム変更に取りかかりましょう。

さて、これで、「論理的に書く」ために知っておくべき基本は、すべてあなたのものとなっているはずです。ですから、「論理的な文章を書くために必要なのは、あとは自分自身であることだけ」と述べて、本書を終わりにしてもいいのですが、やはり、ガイドとして次の章で「自分自身の文章の書き方」を簡単に説明しておきましょう。

コラム――themeについて

英語の小論文においては、themeはessayとほぼ同じ意味で使われます。つまり、how to write themesはhow to write essaysとだいたい同じ意味です――themeはessayよりも意味が狭く、1つの考えのみを論ずるもので、日本語の小論文とほぼ同じです。

☆参考☆

あなたが、カラスについて小論文を書こうとしているとしましょう。その文章で「要するに何を述べたいのか」が「カラスほど利口な鳥はいない」だったとします。

このとき書こうとしている文章は、essay（小論文、課題文など）でもあり、theme（小論文）でもあります。また、「カラス」はtopic（テーマ）でもあり、subject（主題）でもあります。そして「カラスほど利口な鳥はいない」があなたが主張するthesisです。

6章　自分の文章を書く

自分の文章を書くのは難しい？

「自分の文章を書くのは苦手だが、他の人の書いたものを批判するのは得意」と考えている人は多いように思います。そして、そういう人はただそう考えているだけではなく、実際そのとおりかもしれません。

他の人が書いたものを批判するのが簡単な理由は、他の人の書いた文章は、その書かれている文字だけが見えるからです。その文字群だけの中で考えればいいから、つまり、考えなければならないことがわずかだからです（この「わずか」というのは、「書き手の頭の中を飛びかっている膨大《ぼうだい》な量の考えに比べて」の意味です）。

「自分の文章を書くのは難しい」と思ってしまうのは、自分の文章を書く場合は「まだ書かれていない文章」が書く作業の邪魔をするからです。その「書かれていない文章」をなんとかすでに書いた文章の中に組み入れたい、とか、これから書く部分にあれこれ盛り込みたい、という意識が働いてしまい、それでどう書いたらいいのか、困惑《こんわく》を生んでしまうのです。

自分の文章を書くのは難しい？　いいえ、違います。「要するに何を書きたいの

か」から決して離れなければ簡単です。それを支えるために必要なものをきちんと構成するだけで、論理的な文章は書けるのですから。「よそ見」をしなければ、自分の文章を書くのは簡単なのです。

自分自身が何を考えているのかを知る

自分の考えが何かを自分でわかっていると、論ずる文を書くのは簡単です。ただそれを、読み手にとって、わかりやすいように書けばよいのです。

論ずる文を書く場合は、課題作文として書かなければならない場合にせよ、投書のように自発的に書く場合にせよ、目の前の紙には何も書かれていないところから出発します。目の前に何もないということは、ただそれだけの意味で、あなたの頭の中に何もないということではありません。その状態から書くためには、まずあなたの頭の中に何があるかを、あなた自身が知らなければなりません。

自分自身の考えを知る方法はいろいろあります。その中で私が、時間がたくさんある場合の方法として、とくにお勧めしたいのは、次の方法です。

それは、**思いつくままに文章を片っ端から書く方法**です。たとえば、何かテーマを与えられているなら、そのテーマに関して何でも、思いつくものを、思いついた順に書いてゆくのです。途中で書きなおしたりせず、前後の関係を考えたりせず、ほかに書くことがなくなるまで、とにかく書きまくるのです。

こうして書いていると、あなたには自分が何を考えているのかがはっきり見えてくるでしょう。自分が持っていて、かつ、それを持っていることに気づかなかった主張もいろいろ発見できるでしょう。

ともかく、一度、この方法を試してみてください。片っ端から書き尽くすのは、なかなか面白《おもしろ》いものです。一度試せば、あなたはこの方法にきっと病みつきになってしまうでしょう。さて、この方法を実例で示しましょう。

▼片っ端から書く実例

【テーマがある】

たとえば、『女性と社会行動』というテーマで何か文章を書く状況だったとしてみましょう。そして、あなたは、何を書くかを直ちに決められなかったとします。

【片っ端から書く】

そこで、思いつくことを走り書きします。それが、たとえば、以下のようになったとしましょう。

男は、私的領域ではなく公的領域の中心である（少なくとも現在では）。

幼児の場合、女も男も、自己の性をより優れたものと考える。したがって、考え方が幼児レベルにとどまっている男は、男が女より優れたものと考える。それゆえ、男の頭の中の領域構成では、公的領域が図の中心になる。

現在、女にもこの図が受け入れられ、女が中心に入

っていこうとしている。

この動きは男の幼児レベルの価値観を受け入れているのだ。

公的領域は私的領域をよりよいものにするためにつくられたものだ。社会の中心は個々の私的領域だ。正しい図は次のとおりである。

公的領域に入っていくことは、雑用の領域に入っていくことで、もっとも大切な事柄を見失っている行為だ。
公的領域は、くだらない世界だ。男の幼児レベルの価値観を受け入れてそうするのは愚かな行ないだ。

「「くだらない」や「愚かな」などの強い感情表現の語は走り書きでも、なるべく使わないほうがいいでしょう」

【自分の気持ちがわかる】

さて、ここまで書くと、「女性が男性の価値観を受け入れていること、つまり、男性の価値観に追従していることはばかばかしい」と考えている自分の気持ちがわかります。それで、冒頭の主張の文が直ちに決まります。

【主張の文が決まる】

「女性は女性の道をゆくべきであって、男性に追従する必要はない」

【主張を説明する】

以下、その説明に入ってゆきます。

「二十世紀初頭のフェミニズムは、男性に許されて

【構成を考える】

いる道徳的自由を自分たちにも許されることを要求した。発想が男性中心で、男性に追従する精神がこの背後にはある。道徳のあるべき姿を自分たちでつくりだしていこうとしないこの態度は、男性の悪徳を非難した十九世紀のフェミニズムと比べてあまりに受動的で、これはフェミニズムのあるべき姿としては非常に嘆かわしい（たとえば、女系社会では男性がどうであるかなどということは、たいした問題ではなくなるだろうということを考えていただきたい）。

そして、この現象は、現代でも変わっていない」

以下、走り書きした内容を続けて述べてゆくことになります。

そして、それらを書き終えたあと、「二十世紀初頭のことよりも、現代のことを先に書いたほうがいいだろうか」などのような改善策をいろいろ考え、構成や文章を変えてゆけばいいのです。

「何を書くか」の決め方

走り書きのあと、直ちに文章が書けない場合は、もう少し準備が必要です（直ちに書ける場合でも以下の準備はしたほうがよりよいです）。その仕方を以下、説明します。

まず、これまでに述べたようにテーマに関して思いつくことを可能なかぎり書き並べます。そして、**結論が直ちに決められない場合は、その走り書きの中から、結論の候補をいくつか拾います**（この作業の途中で結論が決められるなら、それにします）。そして、候補の結論それぞれにつき、それをサポートできる根拠の有無を考えます。ここで、**根拠となるものがもっともしっかりしているものを結論とする**のです。

さて、結論が決まったら、**次は、それをサポートする根拠を書き並べます**。複数の根拠のうち、なぜそれが言えるのかを述べる必要があるものがないかを考えます。ある場合はその下位の根拠を書きます。

そして最後に、どう書けば読み手にとってわかりやすいかを考えればよいのです。

思いの根底にあるあなたの思想をみつける

自分自身の考えを知るといっても、知った思いが「素晴らしい」とか「不快だ」などの感情のみである場合は、それをそのまま主張するわけにはいきません。それでは「感情の吐露《とろ》」だけの文章になるからです。

そのような場合は、その感情を深く掘り下げ、大げさに言えば、その感情の奥底にあるあなたの思想をみつけださなければなりません。思いの根底には主張は必ず横たわっています。ただそれが、あたかも霧《きり》の中にあるかのように見えにくいだけです。でも、それは慣れ次第で簡単にみつけられるようになります。

あなたの思想をみつけるためにはどうしたらいいか――それを扱うのが本項です。

あなたの感情を深く掘り下げるために必要なのは、簡単に言えば「なぜそう思うのか」と自問することです。

これを以下、実例で示しましょう。

▼私をムッとさせた広告

私は先日、次ページのような広告を見てムッとしました。最初、私はなぜ不快に思ったのか、その理由がわかりませんでした。それで、その理由を考えてみたのです。

なぜ、不快感を感じたのか――その疑問に対してまず思いついた答えは「この広告が、それを見る人の関心を引きつけるために女性を材料として使っているから」でした。でも、次にこう考えたのです。「この広告が関心を引きつけるためにカラスを使っていたのなら、私はムッとしただろうか」と。答えは「いいえ」です。

そこで、「広告を見る人の関心を引きつけるために女性を使っているとなぜ不快に思い、カラスを使っているとなぜ不快に思わないのか」を考えました。そして思

4WD VIRGIN

ったのは「カラスのほうはvirginとセットで思うものが何もなく、女性のほうはvirginとセットで『いやらしい中年――感情表現で失礼！――の処女好み』を連想させるから」という理由でした。

そして、ここにきて私は「この広告が酔っぱらった者の猥談《わいだん》の感覚でつくられているように見えたから不快に思った」ことに気がついたのでした。そして続いて私が感じたのは「そういった性の世界を広告に盛り込んでいる（ように見える）ことに対する不快感である」ことに気づいたのです。

そう考え進み、「組んだ（？）指が性の結合を暗示しているように――その暗示を積極的に伝えようとしているように――思え、かしげた首が媚《こ》び――広告制作者がモデルに強要している媚び――に思えることがムッとした思いの根底にある」ことに気づいたのです。

結局のところ、私は「性的な暗示を広告の中に使うべきではない」という思いを持っていることに気づいたのです。

と、こうして、単なる感情表現「ムッとした」ではない、論理的な文章にふさわしい主張「性的な暗示を広告の中に使うべきではない」が見つかったのです。

ちなみに、参考までに書き続けますと、こうして主張がみつかると、根拠は簡単に心の中から見つかります。「これがもしも成人指定の広告だったなら？」と仮定した場合、私は不快感を感じません。それで、私の根拠は次のようになることが見つかります。

「その理由は、広告は幼い者が見ることがあるから。幼い女の子たちはそれを見て、女性はそういうもの——性的な暗示を提供するために使われるもの——であると考え、そういう者になるように育っていくからであり、幼い男の子たちは、女性をそういうものであると見るように育っていくから。そして、その結果、女の子も男の子も女性蔑視の社会を支える一員として育っていくから」

——と、まあ、これでは話が巨大すぎるので、もちろん、実際にこの広告についての論を書く場合は、もっと狭く話を限定すべきですが、それはまた別の話です。

▼グリム『カエル王子』について

グリムの『カエル王子』を批判する文章をここではつくってみましょう。

この話は「約束は絶対に守らなければならない」という教訓を伝える教育的な話、と賞賛できますが、逆の面からも、もちろん論ずることができます。どのような問題も、二つの側からの議論が可能ですから、それで、その例を実行してみようというわけです。さて、まず、思いつくことを片っ端から書き並べてみます。そうすると、たとえば、次のようになったとします。

●王女は約束破りのいやなやつ。
●王女は最後に幸せになる。なぜ？
●ボールで遊んでいた。勉強せずに。
●カエルはばかだ。王女がひどい性格なことはわかっているのに。
●カエルは他人の災難につけこんでいる。

——と、ここまで書いた資料をもとに書いてみましょう。まず、結論たる主張を決め、そのあと、主張の根拠を並べるわけですが、王女とカエルの接点は王女の性格に関しての項なので、それらをどのように並べたら読みやすいか、などと考えて、並び順を決めます。

こうして、次ページのような文章ができあがります。

【グリム『カエル王子』についての批判】

この話は、子供に読ませるべき話ではない。なぜなら、この話の中には、これを読んだ子供が悪い影響を受ける要素がいろいろ含まれているからである。

まず、王女に性格的な欠陥がある。約束破りのいいかげんな女の子だ。金色のボールのために結婚の約束をし、だまして、何の反省もしない。父親がいなければカエルをそのまま放っておいたことだろう。自己中心的なのだ。

王女は勤勉でもない。王女は森でボールで遊んでいたのだ。王女たる者としてふさわしい教養を身につけるために城で勉強をしていたわけではない。

ところが、これらの欠陥がありながら、王女は最後に幸せになる。これは、女の子はわがままであっても、怠慢《たいまん》であっても、幸せになれるという誤解を子供に、とくに女の子に与えかねない。

一方、カエルはばかだ。王女がそのような性格であることがわかったのちも、まだ王女が好きなのだから。それは、王女が美しかったからだ。このカエルの愛は、女の子の性格はどうでもよく、大事なのは外見だという考えを子供に与えるだろう。

また、カエルの行動にも重大な問題がある。王女のボールが泉に落ちたとき、カエルは無償でボールを取りにいかなかった。「結婚」の条件つきでボールを取ってあげたのだ。カエルのこの行ないは、人の災難を自分のために利用する発想を子供に与える。これは教育上まったく望ましくない。

これは危険な話である。この物語を読んだ子は、女の子はわがままでよい、約束は守らなくてよい、勤勉でなくてよい、美しければよい、人の災難は利用せよ、と考えるようになる危険性がある。

▼受動態を使うべきとき

日本語では、受動態はあまり使われません。それはたいていの場合、受動態で書くよりも能動態で書くほうが自然だからです。それゆえ、「文章の書き方」の本ではよく「能動態を使え」と書かれています。——が**論理的に書く場合、受動態で書くべきときがあるのです。**

論理的に書くためには、受動態と能動態のどちらを使うかは、そこで何を述べようとしているか、主役は何か、で決めるべきなのです。これを例で説明します。

A　日本語では、受動態はあまり使われません。
B　日本人は受動態をあまり使いません。

Aは受動態について述べるときにとるべき形です。

Bは日本人の傾向について述べるときにとるべき形です。——本項は、受動態を使うべきときがどんなときかを説明するための項ですので、本項の冒頭にAかBの二つから選ぶ場合は、Aを選ぶのが適切となるのです（もちろん、現状はどうかということを書かずに、単に「論理的に書く場合は、条件反射のように能動態を使わず、受動態と能動態のどちらかを使うかは論理的に決めましょう」と書く手もあります。いまは第一段落の最後にトピック・センテンス「論理的に書く場合、受動態で書くべきときがあるのです」を置きましたが、これは対比による強調のためです）。

日本人は受動態をあまり使わないので、これに慣れないうちは人によっては、いくぶん使いづらいかもしれませんが、少なくとも「文章の冒頭」および「要するに何を言いたいのか」を述べる文（これら二つはもちろん一致することがあります）では、絶対に実践してください——さもないと文章全体が非論理的に見えることになります（この文では、冒頭は能動態です。この文の主役が「〈あなたが〉受動態を使うこと」だからです）。

受動態を毛嫌いする人がいます。が、やたら嫌うのはやめましょう。受動態を使うか能動態を使うかは、論理的に決めるべきなのです。

また逆に、受動態を愛用する人がいます。この人は「と思われる」や「が求められる」などを好んで使います。が、これらの用法は主張のごまかしなので、避けねばなりません。というのは、「と思われる」は「と私は思う」の中から「私」を消したい気持ちが働くときに使われるからですし、「が求められる」は「が必要だ（と私は主張する）」の中から、やはり「私」を消したい気持ちが働くときに使われるからです。

つまり、いずれにしても「私」を消し、「私の主張」ではなく「私のものではない主張」に見せたい気持ちのときに使われるのです。これはもちろん、反論を受けたくない気持ちによるもので、この態度は「論ずる者がとるべきフェアな態度」ではありません。繰り返しますが、受動態を使うか能動態を使うかは、論理的に決めるべきなのです。

▼冒頭の文は大事

最後にもう一度繰り返しますが、冒頭（第一段落、しかもとくにその第一文）は非常に大事です。これは実は、これまでには述べませんでしたが、あなたの文章の論理性のために大事なのです。以下、「冒頭の文」と「文章全体の論理性」の関連について、例で示します。

たとえば文章の冒頭を「日本人は国際的な視野が狭い、と外国の識者やマスコミが述べている。それはもっともなことである」で書きはじめたとしましょう。すると、その後、文章を論理的に続けるのなら、「なぜなら、日本人は～しているのであるから」で全文章が終わってしまいます。というのは、それ以降に文章を書き続けると、別の話をすることになり、その結果として文章全体が非論理的になるからです。

ですから、「日本人は国際的な視野が狭い、と外国の識者やマスコミが述べている。それはもっともなことである」と述べるのが目的なら、「なぜなら、日本人は～しているのであるから」で終わっても、もちろんかまいませんが、もしもあなたがたとえば「日本人の国際性」をいくぶん長い文章で論じたいのなら、前記のように文章を書き出すべきではないのです*。

　文章全体がどこに向かっていくかを冒頭で示すのは、単に読者の理解を容易にするための親切だけのために行なうものではありません——あなたの文章全体を「論理的にする」という大きな目的のために行なうのです。


［*ちなみに、「日本人の国際性」を論理的に論ずるためにはどうしたらよいかを、以下に述べておきます］

「どういう内容を書くか」の種類はほとんど無限にありますが、書く方法は一つです。「要するに何を述べたいのか」をはじめに決め、「それを述べるために何を述べれば十分か」を考え、「それらをどう構成したら読み手にもっともわかりやすいか」を考え、そしてそれらの考察に基づいて書くのです。

　つまり、たとえばあなたが「日本人の国際的な視野は狭い」と述べたいのなら、この場合、その主張——広く言われているので、そう主張するのはばかばかしく思えますが、それは別として——が、なぜそう言えるのかを示す具体的な事例を十分に挙げればいいのです。

そして、それらの事例と主張とをつなぐ部分、つまり、なぜそれらから「日本人は国際的な視野が狭い」と結論できるか――なぜ、別の結論にならないか――を示す、あなたなりの理由を述べればいいのです。

また別に、たとえばあなたが「日本人が国際的な視野が狭いことを改めるためには、Aすべきだ」と述べたいのなら、「Aすべきだ」の部分を支えるものを十分に述べ挙げればいいのです。つまり、

「Aすることがなぜ効果的なのか」

「BやCではなく、なぜAがもっとも効果があるのか」

「効果以外にAすることのメリットは何があるか（実行に困難をともなわない、など）」

「（Aにいくぶん弊害《へいがい》があるなら）その弊害がありながら、なおかつAすべき理由は何か」

などを書いて、Aの素晴らしさを論理的にアピールすればいいのです（なお、この主張の場合は「～すべき」と説得を目的とする文章になるので、この主張は文章の冒頭に置かなければなりません）。

★文章の最後に主張を置く場合は、冒頭の文を最後に書く

主張を最後に置く形式の文章を書く場合――ことに、たいして準備をせずにその形式の文章を書く場合――かなり注意しないと文章は非論理的になります。このことは、日本語の文章の多くが（内容はともかく外見が）非論理的であることがはっきり示しています。

主張を最後に置く形式の文章を書くときは、次の順に下書きを書くと、論理的な文章が比較的容易に書けます。

1　まず、文章の最後に置く主張を書く。
2　主張の前に置く「主張を支える内容」を書く。
3　これまでに書いた部分を何度か読み返し、冒頭の案内として何を書けば読み手に、「あなたの主張」に向かっていくことをはっきり示すことができるかを考え、その案内を書く。

――主張を最後に置く場合は、冒頭の文を最後に書くのです。

構成のプランの仕方——要約と補則

結論を何にするか決める

結論が決まる

◎結論を支える根拠を並べる。

——ここで、内容のプラン終わり。

◎結論を頭に置ける？

置けないのなら、「これからどんな話をするのか、話はどこに向かうのか」の「案内の文章」を決める。

◎根拠の並び順を決める。

（読者にとって、もっとも理解しやすいように。前に戻って読む必要がないように）

結論が決まらない

A 時間に余裕がある場合——、

とにかく思いつくことを書きまくる（これは文章の下書きの準備にもなります）。各文のつながりを考える必要はない。文章を訂正したりもしない。書き尽くしたところで、それらをながめる。＊

B 時間に余裕がない場合——、

Aの代わりに、単語や語句を並べる。Aで練習してあればこれでAの代用とできる。

AかBで結論が決まったら上段へ！

[＊大事なことは、ここでつくった資料を「並べてまとめる」のではなく、資料を自己分析すること。とくに、どれが主張でどれがその根拠か、また、何が何の下位根拠かを分析する]

●結論は広すぎず、狭すぎず

広すぎると、根拠が結論を支えきれない。狭いと短い文章しか書けなくなる。

【参考図書】

本書の執筆には多くの本を参考にしました。が、それらを列挙するのはやめて、以下に、読者の参考になりそうなものをいくつか紹介しておきます。

●B・ラッセル『ラッセル結婚論』(岩波文庫)

この本にかぎらず、ラッセルの文章は論旨が明確で、表現もすみずみまで配慮がゆきとどいているので、論理的な文章を書く手本として最適でしょう。

●F・ベーコン『随想集』

主張が明確に書かれ、もちろん根拠もそえられている軽い短文をいろいろ読みたい人向けにいい本です。さまざまな翻訳が出版されています。

現代の文章で、かつ、毎日読めるものとしては、『The New York Times』のEditorialsをお勧めします。

英語で書かれた「論理的な文章の書き方」を望む人は、まずはじめにSSATの参考書（アメリカの高校入試用で、多社から出ています）中のEssay Writingのページを見るとよいでしょう。

また、軽い読物としても楽しいものは次の本です。

● **Claudia Sorsby, *Writing 101*, St. Martin's Paperbacks, 1996**

アメリカの入門書に、たとえばどんなものがあるかまったく見当がつかない人のために、翻訳されている入門書を一つ挙げておきます。図書館で手に取って中をパラパラとながめてみるだけで、アメリカの入門書とはどんな感じのものなのかがわかるでしょう。

● **Michael Halvorson,「*Visual Basic 4.0*　セルフマスターブック」アスキー、1996**

小説を楽しみながら論理性を身につけたい、と考える風変わりな人には、次のものをお勧めします。リチャードソンは十六世紀の人で、手紙の名手として知られていました。

● Samuel Richardson, *Pamela*, Penguin Classic, 1980

これは書簡体小説で、リチャードソンの手紙を支えているものが、強い論理性であることがわかる作品です。

本書は、一九九七年六月に日本実業出版社より刊行された
作品に加筆、修正したものである。

著者紹介
小野田博一（おのだ　ひろかず）
東京大学医学部保健学科卒。同大学院博士課程単位取得。日本経済新聞社データバンク局に約6年勤務。JPCA（日本郵便チェス協会）第21期日本チャンピオン。ICCF（国際通信チェス連盟）インターナショナル・マスター。ICCF delegate for Japan（ICCF日本代表委員）。
著書に『論理的に考える方法』『論理的な作文・小論文を書く方法』『正々堂々の詭弁術』（以上、日本実業出版社）、『史上最強の論理パズル』『論理パズル「出しっこ問題」傑作選』（以上、講談社）、『13歳からの論理ノート』『論理思考IQパズル101』（以上、PHP研究所）、『論理的に話す方法』（PHP文庫）などがある。

ＰＨＰ文庫　論理的に書く方法
説得力ある文章表現が身につく！

2008年7月17日　第1版第1刷

著　者　小野田博一
発行者　江口克彦
発行所　ＰＨＰ研究所
東京本部　〒102-8331　千代田区三番町3番地10
文庫出版部　☎03-3239-6259（編集）
普及一部　☎03-3239-6233（販売）
京都本部　〒601-8411　京都市南区西九条北ノ内町11
PHP INTERFACE　http://www.php.co.jp/
組　版　朝日メディアインターナショナル株式会社
印刷所
製本所　凸版印刷株式会社

ISBN978-4-569-67040-9